個人事業主1年目の強化書

一般社団法人ひとり起業ファーム協会 代表理事 天田幸宏

日本実業出版社

はじめに

「事業がずっと続くこと」

これは個人事業主にとって、一番大切なことです。

これまで私は起業支援情報誌の編集者として、3000人以上の起業家やその予備軍、個人事業主の方を取材してきました。その後、たった1人で顧客を開拓し、顧客満足を追求する彼らに刺激を受け、「自分も同じフィールドに立ちたい」と31歳の夏に独立します。

以来、個人事業主として長年活動し、2008年に法人化もしました。2020年には「10年後も輝き、稼ぎ続けるひとり起業家の生産農場」をコンセプトに、一般社団法人「ひとり起業ファーム協会」を設立。現在は、早期退職者のためのセカンドキャリア・独立支援を中心に、個人事業主、ひとり起業家のための各種支援事業を行っています。

このたび、これまで全国各地で出会った個人事業主の方たちや私の経験をもとに、「個人事業主1年目」の方のための「強化」となる本を書かせていただく機会に恵まれました。

そこで、これまでの経験をあらためて振り返ってみると、「個人事業主」として活躍し魅力あふれる方々には、ある共通点があることがわかりました。それが次の7つです。

□「強み」にもとづいた事業を行っている
□圧倒的な「付加価値」を武器にしている
□「継続して儲かる仕組み」をつくっている
□「下請け仕事」を極力避け、自ら顧客を開拓している
□主力事業（本業）が苦境に陥ったときの「備え」がある
□将来の引退に備えて資産形成の準備をしている
□仕事とプライベートの垣根がなく、人生そのものを楽しんでいる

もちろん「個人事業主」とひとえにいっても業種も様々ですが、この7つの共通項を実践することで、何があっても倒れない、万が一つまずいても再び立ち上がって歩みはじめるための「事業の継続」の礎になります。

そこで、7つの共通項をベースに「独立1年目から備えておくこと」を100項目に厳選してまとめました。もっと深掘りしたい項目があったのも事実ですが、本書では「わかりやすく網羅的に」という点を意識しました。この本が「個人事業主」として新たな一歩を踏み出すあなたにとって、「座右の書」となれば幸いです。

Check

第1章 個人事業主になるとしたら、まずやっておきたいこと

主要な手続き＆開業準備編

Check

第2章 仕事環境を整える

「最低限のツール」と「機動性のある働き方」編

Check

第3章 個人事業主としての立ち位置を決める

「マインドセット」と「事業コンセプトの設計」編

Check

第4章

「継続して儲かる仕組み」をつくる

何があってもつぶれない「ビジネスモデル」の構築編

Check

第5章 「営業せずに仕事が集まる仕組み」をつくる

仕事を呼び込み、回し続ける「セールス」と「マーケティング」編

Check

第6章

戦わずに優雅に働く5つの戦略

「継続して儲かる仕組み」に参入障壁をつくる守備固め編

Check

第7章

知らないと損する、お金まわりのこと

プライベートを含めた「賢く使う・貯める・増やす」マネー編

Check

第8章 人生はマラソン。息切れせずに、成長し続ける習慣づくり

モチベーション＆スキルアップ＆心と体のメンテナンス編

カバーデザイン　喜來詩織（エントツ）
本文デザイン・DTP・図版　浅井寛子

Check

第1章

個人事業主になるとしたら、まずやっておきたいこと

主要な手続き＆開業準備編

Tips No.

Check

001

ホームページは「問い合わせフォーム」があればOK

最初からWeb制作に費用をかけすぎない

個人事業主として独立後、ホームページを用意することは見込み客への窓口としても重要です。しかし、はじめから気合いを入れてホームページを制作する必要はありません。とくに事業の内容がまだあまり固まっていない最初の段階はなおさらです。時間の経過とともに、いくつも改善することになるからです。極論するならば、独立時のホームページは「問い合わせフォーム」があれば十分です。

ただし、その後はインターネットによって集客していくためにも、理想の事業スタイルを描いてコンテンツをコツコツと積み上げていきましょう。ネット集客は「愚直に継続した人が勝つ」ようにできています。

□「独自ドメイン」は法人設立後でＯＫ

ホームページをつくる際、「ドメインをどうするか」というのも1つの問題です。しかし、個人事業のうちはとくにこだわる必要はなく、法人化したときでも遅くありません。低価格でドメインを取得できるサービスもありますので、必要に応じて可否を判断しましょう。

ホームページ制作の鉄則は、「自分で改善・修正できるサービス」であること。できればサーバーも自分で契約・管理するのが理想です。これらを専門会社に一任してしまうと維持するためのコストも毎月かかりますし、万が一業者と連絡がとれなくなったときのリスクは甚大です。ＩＴが苦手な方もいると思いますが、ホームページの制作および運営に関する最低限の知識はあったほうがベターです。

知人が実際に遭遇した話です。ある日、ホームページが突然消えてしまったというのです。調べてみると、サーバーの会社の倒産によるものでした。その後、ドメインは第三者に乗っ取られ、後日「買い戻せ」という主旨の連絡があったそうです。泣く泣くドメインを放棄し、新たに取得し直したとのこと。このようなことは、決して珍しい話ではありません。

ぜひ身につけておくと便利なのが、オープンソースのブログ・コンテンツ管理システム「WordPress（ワードプレス）」です。無料のテンプレートも豊富にありますので、Ｗｅｂ制作費や維持管理費を劇的に削減することが可能になります。

Tips No.

002

Check

ひとり会社の「法人登記」は自宅でOK

□ 登記場所は「極力変更しない」が前提

独立直後に法人を設立する際、「どこに本店を登記するか」で悩む人も多いです。

私の経験上、おすすめなのは自宅です。「登記簿を調べられたら自宅の場所がバレてしまうからいやだ」という人は事務所を借りて登記するか、登記可能なシェアオフィス（住所が使用可能かどうか契約内容を要確認）を探すとよいでしょう。しかし、賃貸先に登記すると、移転の際に登記簿を変更しなければなりません。

この手間と費用が意外とばかにならないのです。移転先の管轄の法務局が同じであれば3万円、異なる場合は6万円です。司法書士などの専門家に依頼すると事務手数料が上乗せされます。したがって、1人でいるうちは「登記場所は自宅で十分」といえます。

たとえ自宅に本店登記をしても、その事実を公開・公表する必要はありません。通常使用する「所在地」は、賃貸事務所やシェアオフィスでもよいのです。それ以上に真剣に検討していただきたいのが、**「本当に事務所を持つ必要があるのかどうか」**です。

□リモートワーク全盛時代、仕事はどこでもできるように

飲食業や小売業、サービス業といった店舗が必要なビジネスではなく、ホワイトカラー特有の仕事で独立する場合は、どこでも仕事ができる時代になりました。「ワーク」と「バケーション」を組み合わせた「ワーケーション」を行う人も増えていますし、気に入った地域と自宅を往復する「二拠点生活」を選ぶ人も出てきました。

とくに、コロナ禍においては、対面での打ち合わせや商談は激減しました。以前は独立して事務所を構えることは、それなりのステイタスや社会的信用を得るために重要視されましたが、いまや一変してしまいました。見方を変えると、これほどお金をかけずに独立できる時代はないと断言できます。

現に私は10年ほど事務所を構えていた時代がありましたが、数年前に事務所を手放したところ、なんら不便や問題はありません。私の場合、事務所を構えていたのはお客様のためでも利便性でもなく、虚栄心を満たすためだったとわかったのです。

Tips No.

Check

003

「400字程度のプロフィール」&「自己紹介シート」をつくる

□会社員時代の実績よりも、現在の「専門性」が重要

私は起業支援情報誌『アントレ』の編集をしていた頃、様々な著名人にインタビューをする機会に恵まれました。中でも印象に残っているのは作家の横山秀夫さんです。

横山さんは地方新聞の記者から小説家になり、『半落ち』や『クライマーズ・ハイ』などのベストセラーで知られ、多くの作品がドラマ化・映画化されました。取材から10年以上たった今でも、横山さんが読者に向けて発してくれた言葉をはっきりと覚えています。

「あなたは今、何ができるのか。独立後はそれだけが問われる」

独立後はそれまでの会社の看板は使えず、あなた個人の実力がシビアに問われます。そのことを横山さんは教えてくれたように思うのです。

□「得意なこと」を載せておくと、必要なときに思い出してもらえる

そこでおすすめしたいのが、自身の強みや経験、専門性にもとづいた「プロフィール」と「自己紹介シート（後述）」の作成です。プロフィールは４００文字程度でまとめます。今後、様々なシーンで求められることも増えますので、だらだらと量が多すぎてもいけません。このプロフィールは相手に伝わってはじめて威力を発揮します。仕事の最初の打ち合わせ時にさりげなく相手に渡すことができれば効果的です。

プロフィール作成のポイントは導入部分に魂を込めて書くことに尽きます。どんな文章もそうですが、１行目がつまらなければその先を読んでもらえません。ちなみに、私の導入はこうです。

「ひとり起業の専門家。大手に負けないビジネスモデルを創るのが得意。20年超の編集者&起業支援経験から、ひとりでビジネスを行うすべてのひとをハッピーに」です。

そのほかに意識してほしいのが、箇条書きではなく「ストーリー」で伝えること。SNSでは、「挑戦していること」も入れると、共感度が増すといわれています。

プロフィールを作成したら、SNSや名刺の裏面、ホームページなど、様々な場所に公開してみましょう。名刺は情報量に限界がありますので、150文字程度に圧縮します。このときも導入部分を中心にまとめることができれば、魅力は変わりません。

Tips No.

Check

004

名刺には「事業目的」を入れる

□名刺の活用目的は、仕事以上に「仲間集め」

テレワークの普及によって、名刺交換の機会は少なくなりました。けれども、それでも個人事業主の自己表現のツールとして名刺は大切です。私は独立して17年目を迎えますが、当初は名刺にプロフィールや実績などを「これでもか！」というほどの様々な要素を掲載してきましたが、残念ながら受け取った方と話がはずんだ記憶はありませんでした。

しかし、何度も名刺をつくり変えてきたなかで、最近になってようやく効果的な方法が見えてきました。**「事業目的」を名刺に入れると効果的**だということです。事業目的とは、その事業を行うための最上位の概念です。**何のために、誰のために、どんな課題を解決し、事業を行うのか。**それをシンプルに表現したものが事業目的です。

□お金をかけずに人を動かす「事業目的」のすごいチカラ

たとえば、私が2020年に設立した「ひとり起業ファーム協会」の事業目的は、**【ひとり起業を通じて、世界中を「三方良し」で包みこむ】**です。この1文にたどり着くまで数か月かかりましたが、実際に名刺にデザインしてみると、「これはいいね！」「いいところに目をつけたね！」「一緒に活動したい」といった想像以上の反響があったのです。まさに私設応援団を得た気分になりました。

事業目的の作成のコツは、規模は小さくても「夢は大きく、志は高く」です。事業の成長に応じて、自分→他者（顧客）→社会というように、少しずつ視座を上げていくのが理想的です。

名刺交換で会話がはずむ

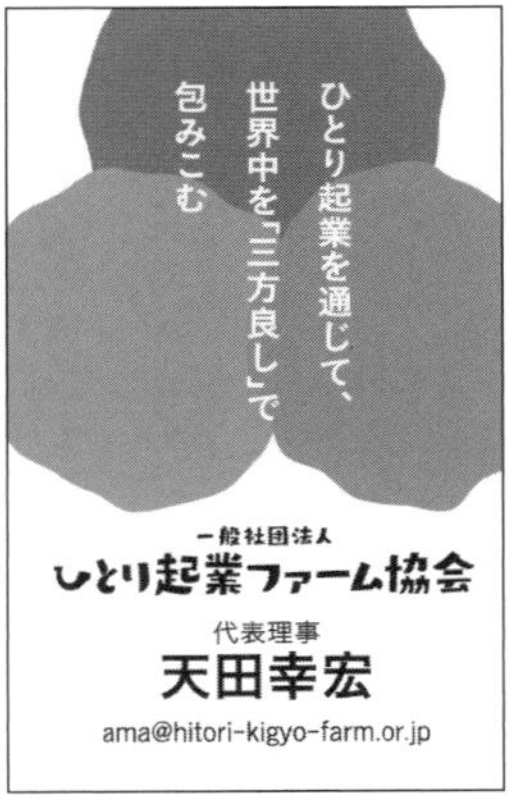

表現方法の1つとしては、**「○○を通じて、□□を実現する」**がおすすめです（○○にはあなたの事業内容が、□□には事業目的が入ります）。公共性のある事業目的はいつの時代も共感を呼びますし、落ち込んだときやうまくいかないときに立ち戻れる原点のような存在です。何より名刺を配るのが楽しくなります。

Tips No.

Check

005

お世話になった方々に「挨拶状」を出す

□「感謝の気持ち」を伝えつつ、未来への種まきを

会社を退職して、心機一転。まずは、これまでお世話になった方々に向けて、独立のご挨拶をしましょう。これは手紙でもメールでもどちらでもかまいません。これまでお世話になったことへの感謝の気持ちを中心に、完結にまとめてみてください。

転職ではなく「独立」という道を選んだことや、残りの人生でどんなことにチャレンジしたいのかなどを少しだけ真面目なモードで表現すると、熱意も伝わるはずです。

独立後にやることが定まっていないという方は、会社を辞めた現在の心境を素直にまとめてみるだけでもＯＫです。過去と未来の交差点で、今、何を感じているのか。それはきっと、受け取った方の心にも刻まれるはずです。

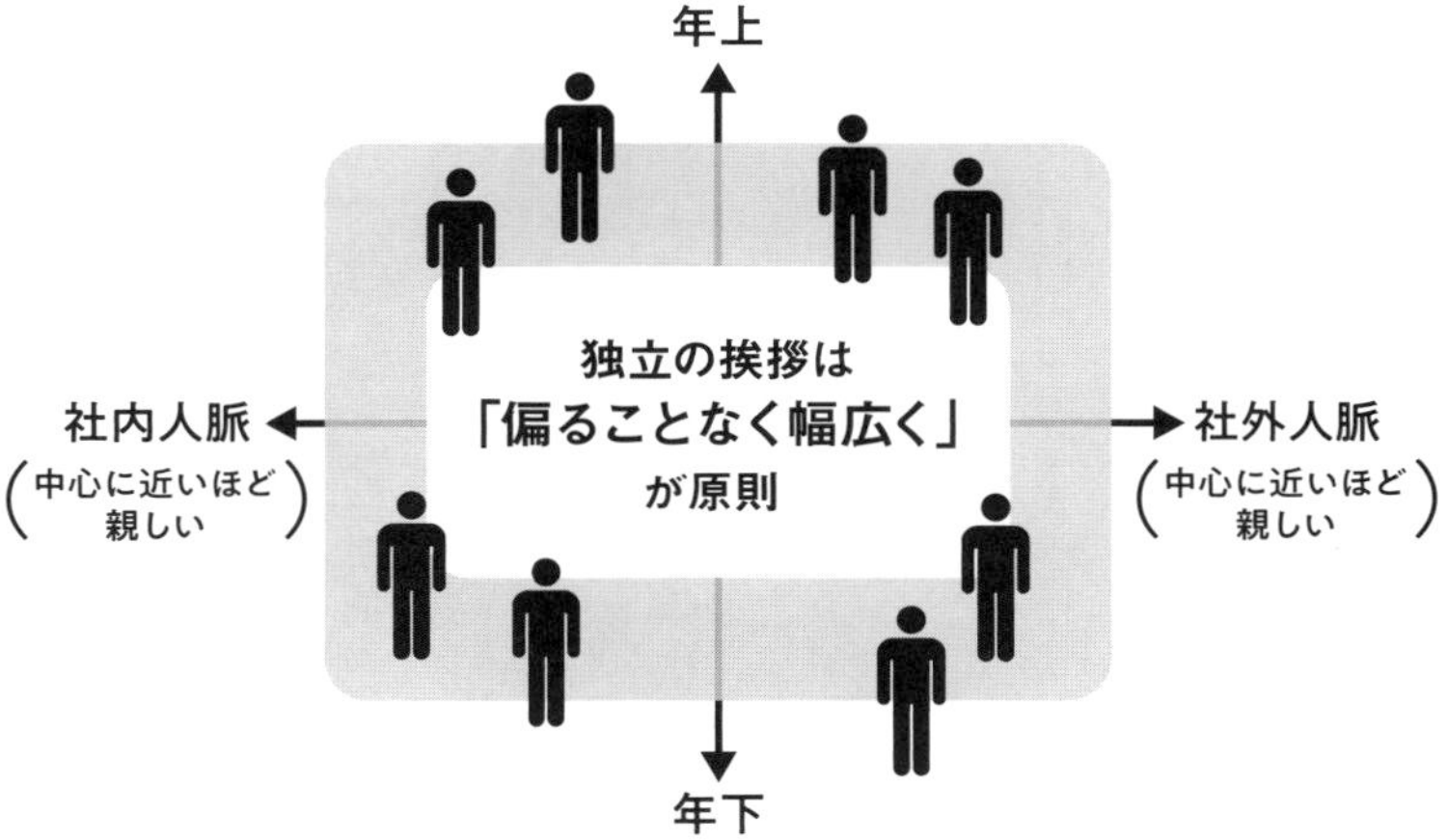

□対象は、元同僚よりも「縦横斜めの関係」

送付先も重要なポイントです。まずは友人、知人、親戚、そして会社員時代の取引先を含むお世話になった方々を中心にリストアップしましょう。近況報告を兼ねて、定期的に連絡できるように、年賀状や暑中見舞いといった時期に合わせると効果的です。

意外なのは、この挨拶状から寄せられる様々な反響として、さほど縁が濃くなかった人からも返信が届くことです。これを専門用語で「ウィーク・タイズ（弱い絆）」といいます。**独立後はこの「ゆるやかなつながり」が大切です。**

実際に私は、「上下」の近しい関係だけでなく「斜め」くらいの関係の方から、お仕事の問い合わせやご紹介などのお話を何度もいただく機会がありました。

Tips No.

Check

006

退職する会社と「業務委託契約」のチャンスを探る

□退職して即「さようなら」はもったいない

退職する会社との関係は、できる限り良好でありたいものです。とくに、これからの時代、**退職した会社があなたの「パートナー」になる可能性**がより高まるからです。

これまで企業が退職した人間を再雇用したり、パートナーとして再契約したりすることは、ほとんど行われてきませんでした。しかし近年、何らかの理由で離職した人や退職した人のことを指す「アルムナイ」が注目され、退職者の再雇用、業務委託化が加速しています。

企業にとっても、仕事をよく理解してくれている人にお願いすることはとても合理的です。個人事業主やひとり起業家にとっても、退職した会社のパートナーになることは最も理想的な独立形態の1つになります。独立初期から一定量の仕事が確保されていることは、経済的にも精神的にも安定をもたらすからです。あまり知られていませんが、独立したものの開店休業状態で、会社員に舞い戻る人も少なくないのです。

□業務委託契約で「プロ意識」が芽生えた

かくいう私も2004年に独立した際、当時勤務していたリクルートに相談して、業務委託契約に切り替えてもらった経験があります。以後4～5年ほど常駐編集者として会社員時代の仕事を引き続き行い、合間に別で受注した仕事をする独立生活がはじまりました。当時は将来のことを考える暇もなく目の前の大量の仕事をこなすだけで精一杯でしたが、今振り返ってみてもあの選択はよかったと思います。

業務委託契約に切り替えた最大のメリットは、**「プロ意識」が芽生えたこと**です。毎月、「報酬に見合った仕事ができただろうか？」、そうしたことを真剣に振り返るようになったことは、その後の独立人生において大きな意味がありました。また、収入面は保険料などを自己負担することになったこともあって、手取り額は3～4割ほど増えたように記憶しています。**「毎月安定した仕事があること」**は、とても重要です。退職する会社のパートナーになることによって、一種の安定と報酬が得られるこの働き方は、個人事業主にとってとても有効な手段です。ぜひ、その可能性も探ってみてください。

Tips No.

Check

007

最低半年分の「運転資金」を確保しよう

□想定外のアクシデントへの備えが大切

独立・開業準備における陥りがちな落とし穴の1つに、開業時に資金を使い果たしてしまい、運転資金を確保できないことが挙げられます。私も当初は「本当か?」と疑いたくなったのですが、数多くの起業家を取材するうち、とても多いことが判明しました。

原因は事業計画の甘さに加え、運転資金の重要性を理解していないことにあります。運転資金は、人件費や家賃といった事業の継続に欠かせない資金です。人件費や家賃は毎月一定額が計上されることから「固定費」とも呼ばれます。売上がなくても出ていく資金があるというのは、会社員時代にはなかなか味わわない感覚です。

それ以外にも、働きたくても働けないケースもあります。交通事故や病気になって入院というように、「想定外のアクシデント」はある日突然やってきます。また、それが長期におよぶこともあります。そうしたことに備えるためにも、**理想は半年分、最低でも3か月分は運転資金を確保するのが望ましいです。**

□公庫の創業者融資も検討してみよう

独立して会社員時代との違いを感じる瞬間として、**売上から入金までの「空白の期間」があること**でしょう。この空白の期間に資金が枯渇すると、「黒字倒産」の危機に瀕します。運転資金の有無が生死を分けるのです。

ここ数年、日本政策金融公庫の創業者融資制度が拡充しています。そこで、ときには運転資金を「借りる」ことも視野に入れてみてください。ただし、「安心を得たいから」という理由だけでは本末転倒です。融資は審査も当然ありますが、本当にそれが必要な資金なのかどうか事前にしっかりと吟味すること。借りた金は返済するのですから。

仕事がうまくいかないときは、早めの行動が重要です。運転資金がすっかり底をついてから融資を申請するのと、先を見越して多少余裕があるうちに申請するのでは、金融機関へ与える印象はずいぶんと変わります。私自身はもともと楽観的な性格ですが、「お金の問題ばかりは楽観できない」と個人事業主としての経験を通して学びました。

Tips No.

Check

008

退職金を全額投資してはいけない

□「過度な見栄は破滅を招く」と心得よ

独立・開業の準備には、それなりにお金が必要です。しかし、それらの用途を1つひとつ精査してみると、使わなくていいところに使っていることがけっこうあります。

つまり、**ムダな投資**です。誤解を恐れずにその正体を表現すると、**「他者からよく見られたい」という見栄や虚栄心です。**独立人生において、これらとうまく折り合いをつけることはとても大切です。

何を隠そう、私自身、長年この虚栄心に蝕《むしば》まれてきた1人です。必要以上に大きなオフィスを借りたこと、年会費14万円もするプラチナカードを持ち歩いて公私の境がわからないほどに使いまくっていたこともそう。事務所もプラチナカードも手放し、等身大のスタイルに

退職金の使いみちは1つに限定しない

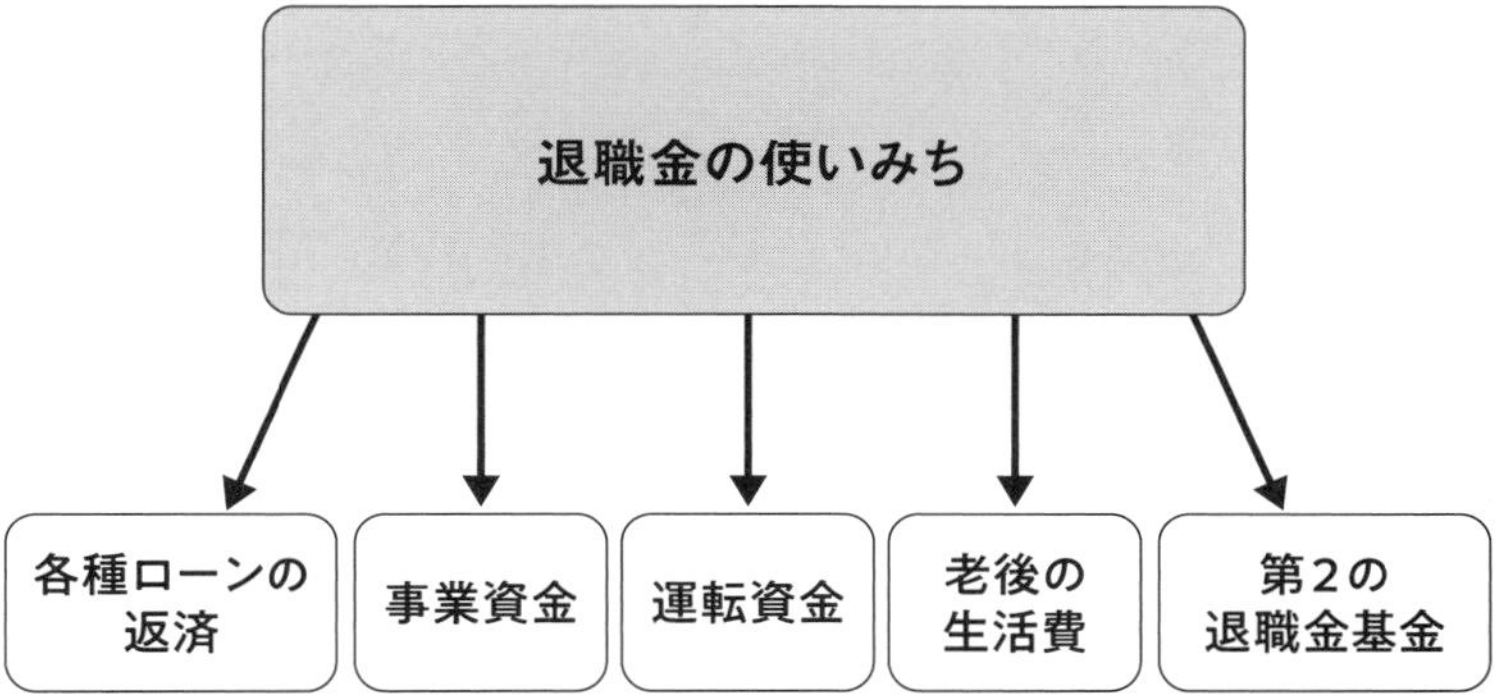

戻った今は、心身がとても充実しています。

□事業の鉄則「小さく生んで大きく育てる」

長年勤めた会社を退職する際に、退職金が得られます。それを事業資金の一部として使うことは大いにけっこうですが、全額投資となると話は別です。そもそも退職金は家族を含めた退職後の生活のために使うのが前提のはず。成功を約束された事業など、世界中どこにもないのですから、**退職金を当てにした事業計画は「破滅への一歩」と心得てください。**

事業の鉄則は「小さく生んで大きく育てる」です。お金がなければ知恵を使いましょう。金融機関が貸してくれないのであれば、クラウドファンディングもできる時代です。そこで問われるのは、あなたの魅力と情熱です。

Tips No.

Check

009

「経理のプロ」を味方につけよう

□「どんぶり勘定」に陥らないルールを自らつくろう

独立して間もないうちに決めておきたいのが、**毎月の売上や支出をどのように管理、把握していくのか**ということです。会社員時代と違い、自分のルールは自分でつくらなくてはいけません。「どうかルールのない無法地帯だけは避けて」が、私の切なる願いです。

個人事業主の場合、はじめから税理士のようなプロに依頼する人は少なく、まずは自分で確定申告するケースが多いと思います。じつは、そこに大きな落とし穴が潜んでいます。

年に一度の確定申告の直前に、あわてて請求書や領収書の整理を行って1年間の経費を把握したところで、その作業は将来の糧《かて》となる経験にはなりません。その一方で、日頃から売上や経費を正しく把握するような習慣を身につけると、事業の金銭感覚が身につきます。

何より、このような事務作業や経理業務に苦手意識をもったまま成長することは、個人事業主として生きていくうえで大きなハンデとなります。とくに**お金に関することは、事業の生命線です。**不得意だからといって避けていると、事業の成否を握る重要な情報源も遠ざけてしまうことにもなるのです。

□まずは「経理経験者」に相談してみよう

毎月のお金以外でも、「あとで、まとめてやればいい」という「先送り体質」や「どんぶり勘定の体質」は一度すると身についてしまいやすいです。

そこで、早い段階でぜひ導入してほしいのが、**経理の仕組み化**です。仕組み化というと大げさかもしれませんが、要は毎月しっかりと情報を把握する習慣づくりです。クラウド会計ソフトも急速に進化していますので、いまや領収書をスマホで撮影するだけでデータ化される便利な時代です。私が最も印象に残っているのは、金融機関からコンサルタントとして独立した方です。彼は、「朝一番に前日の金銭出納帳をつけることから1日がはじまる」と教えてくれました。そこまでやる人はめったにいませんが、とても大切なことだと思います。加えて実践してほしいのが、身近にいる「経理経験者」に相談してみることです。経験者ならではのアドバイスやチェックポイントが聞けるはずです。

Tips No.
Check

010 大切な屋号や社名、商品名は迷わず「商標登録」

□規模が小さいからこそ「守り」が重要

屋号や社名、商品・サービス名……。あなたがこれからはじめる事業において、「名称」はとても大切です。この名称が魅力的であればあるほど、イメージによる効果も含めて事業が成長するポテンシャルを秘めています。だからこそ、規模の小さいうちからきちんと準備することが重要です。

そこでおすすめしたいのが「商標登録」です。一定の範囲に限定されますが、**商標は他者が安易に使えないようにする、いわば名称の「独占的使用権」です。**

商標を検討することのメリットはほかにもあります。先に使っている人はいないか、それが本当に権利取得できるのかといった様々な角度から精査することで、「他者の権利」を侵害する可能性に気づくことができます。

たとえば、考えに考え抜いた名称が、調べてみたらすでに他者が権利を持っていたということもよくある話です。また、自信を持って考えた名称を使用していたら、ある日突然、権利差し止めの内容証明郵便が届いたという怖い話も。

□出願の目安は「独自性」と「3年使う」かどうか

出願の目安は、大きく2つあります。**独自性がある名称であること。**そして、**3年くらい使うかどうか**で判断するとよいでしょう。将来的にブランドとして育てたい、という気持ちがあるならなおさらです。個人事業であれば屋号、会社であれば社名も対象になります。

まずは、パスポートの申請と同様、権利の有効期間を「5年間」または「10年間」のどちらか一方を選択します。申請費用は一区分であれば1万2000円（権利取得時に登録料が別途必要）です。

商標申請において最も注意を払いたいのが、**商品やサービスのカテゴリである「区分」**です。この区分は1類～45類まであり、通常、商品やサービスの特性に合わせて申請しますが、この区分の範囲を間違うと本来の目的である独占的な権利になりません。そのため、不安なようでしたら事前に商標出願のプロである弁理士に相談するとよいでしょう。

Tips No.

Check

011

税務署に「開業届」と「青色申告の承認申請書」を提出する

□開業から1か月以内に「開業届」を提出しよう

会社を辞めて、晴れて独立！　おめでとうございます。独立後の最大の変化といえば、毎年、確定申告を行うことです。そこで最初に行ってほしいのが開業届などの提出です。「開業届」と「青色申告の承認申請書」を開業する（納税する）地域の管轄税務署に提出し、「個人事業開始申告書」を都道府県税事務所に提出します。

「開業届」は事業開始から1か月以内、「青色申告承認申請書」は2か月以内、「個人事業開始申請書」は自治体によりますが半年〜2か月以内の提出がルールです。とくに、青色申告の承認申請は手続きを忘れてしまうと翌年まで申請できないため、早めに行うようにしましょう。

確定申告の種類と主な仕組み

小 ←節税効果→ 大

	白色申告	青色申告	
届出の必要	なし	あり	
控除	**なし**	**10万円**	**65万円**※
帳簿付け	単式簿記	単式簿記	複式簿記
決算書の作成	収支内訳書	賃貸対照表・損益計算書 一部未記入でも可	賃貸対照表・損益計算書 全て記入
専従者	配偶者86万円まで それ以外は50万円まで	事業の届出を条件に、家族の給与を経費とすることが可能。妥当であれば、金額の制限はなし	
赤字の処理	なし	あり	

※e-taxを利用するか、電子帳簿をつけて保存する必要あり。いずれにも該当しなければ55万円

□節税効果絶大！「最大65万円」の所得控除

確定申告は通常の申告方法である「白色申告」が一般的ですが、手間はかかっても様々なメリットが受けられる「青色申告」を選んでください。

とくに自宅で開業する方にとって、青色申告は効果が大きいです。最大65万円の所得控除が受けられるほか、自宅の家賃や光熱費の一部を事業用として按分できるだけでなく、赤字の繰り越しや専従者給与（事前の届出が必要）が必要経費として認められるようになります。

青色申告には節税効果だけでなく、申告を通して会計の仕組みを理解することにもつながります。そこで得た知見は、長い独立人生を送るうえでとても有益なことですので、ぜひチャレンジしてみてください。

Check

第2章

仕事環境を整える

「最低限のツール」と「機動性のある働き方」編

Tips No.
012
Check

PCは「万一の備え」を重視

□「不慮の事故」は忙しいときに限って発生する

会社員時代と違って独立して最初に感じる変化の1つは、仕事で自分のPC（パソコン）端末を使うようになることでしょう。そこで、ぜひ覚悟と注意をしてほしいのが**万一の備え**です。独立人生において、私は過去2回、PC関連で大きな失敗があります。

1つ目は、10年以上昔の話です。今振り返ってもぞっとするのですが、当時、常駐先のPCと自宅のPCを主に使っていました。データのやりとりはすべて「USBメモリ」。あるとき、急ぎの仕事で肝心のUSBメモリが作動しないことが判明したのです。あわててPCのレスキュー業者に相談するも、「これは修復不能ですね……」という無情な返答が。つまり、保存していた貴重なデータがすべて飛んでしまったのです。

2度目の失敗は2年前、駅ナカのカフェで仕事をしていたときのことです。次の予定まで1時間ほどあったので、複数人が共用する大きなテーブルでノートPCを広げて作業をしていました。すると次の瞬間、私の目の前の席に座ろうとしたお客さんが手を滑らせ、まだひと口も飲んでいないコーヒーをこぼしたのです。卓上は一面コーヒーの海に。同時に、私のノートPCの背面に流れ込んだ大量の水分によって、PCは一瞬で「文鎮」と化したのです。

本当に一瞬の出来事でした。そして、この事故から様々なことを学びました。**「不慮の事故」は忙しいときに限って発生すること。**不特定多数が集まる場所で、安易にノートPCを広げることは大きなリスクを伴うこと……。

□重要なデータはクラウド管理がベター

今紹介したことは心得に近いようなものです。しかし、**会社員時代とは異なり、独立後は基本的にトラブルの際は誰も助けてくれません。だからこそ、トラブルに陥らないための「備え」が重要なのです。**ほかの項目でも詳しく説明しますが、**仕事で使う貴重なデータは端末上のローカル環境ではなく、クラウドに保存するのが大原則です。**また、ノートPCは耐水性がないうえ衝撃に弱く壊れやすい精密機器であることから、外出先で使う際はくれぐれも慎重に。ちょっとした作業やプレゼンであればタブレット端末で十分にこなせます。

Tips No.

013

「メールアドレス」はGmailで十分

Check

□独立後はメールの使用頻度が激減する（はず）

ここ数年で、メールの使用頻度は格段に減りました。主な理由は、仕事においてもSNSを中心としたメッセンジャーツールを使うことが増えたためです。Slack、LINE、メッセンジャーなど、相手によって使っているツールも異なるかもしれません。

独立後のメッセージのやりとりは、「相手によって手段を決める」のがベターです。どれか1つに特化せず、どのツールもまんべんなく使いこなせることが大事です。

ただし、利用頻度が減ったとはいえ、メールをいっさい使わずに仕事をすることは合理的ではありません。そこで次に出てくるのが、「独自ドメインを取得すべきか」という問題です。

私の答えは、こうです。「基本、Gmailで十分ですよ。独自ドメインも格安です」。

□ Gmailで問題なし

独自ドメインの取得コストは、この10年くらいで格段に下がりました。Gmailを運営するGoogleでは、月額680円から利用可能です。

注意したいのは、コスト面よりも**ドメインを変更したときの手間**です。たとえば、個人事業主時代に取得したドメインを法人化したときにそのまま使うかどうかを考えてみてください。おそらく多くの場合、新社名に紐づいたドメインが必要になるはずです。となると、独立初期に取得したドメインを手放す可能性が高くなります。それが独立初期は独自ドメインにこだわる必要がない理由でもあります。

Gmailで十分といえる理由はほかにもあります。ご存知のように、GmailはGoogleのサービスです。セキュリティ面に優れているだけでなく、もはや世界的なブランドとして認知されています。10年くらい前までは「プロバイダに紐づいたドメインが安心で望ましい」とする風潮もありましたが、いまやGmailだからといってバカにされることもなければ、取引を断られる理由にもなりません。

大切なのは、ツール選びに悩む時間はもったいなく、自分の突き進む道を決めて行動することです。一流の起業家たちを取材して一様に共通していたメッセージは、「悩む時間がもったいない。だったら行動しようよ」でした。

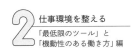

Tips No.

Check

014

「電話」は固定でなくてOK

電話番号は変わらないほうが便利

仕事専用の電話番号をどうするか。ひと昔前までは、ビジネスフォンを導入して専用の電話番号を取得するのが一般的でしたが、電話の使用頻度が減った現在、電話番号への意識や環境も大きく変わりました。

結論からいうと、**仕事専用の電話は「050」ではじまるIP電話がベストです。**インターネットに接続して音声を届けるIP電話の最大のメリットは、ほかの地域に移転しても番号が変わらないこと。一般の電話に比べて導入コストや維持コストが格安で済むことです。

私は独立したときからIP電話を利用し、会社設立後も本社の番号としてずっと使用しています。その間、事務所を何度も移転してきましたが、「電話番号が変わらずに使える」ことは、携帯電話と同じでとても重要です。電話機を新たに購入する必要もなく、自分の携帯電話に転送をかけるだけ。月々の維持コストは数百円程度です。

仕事によっては、電話をほとんど使わないという人もいるでしょう。そういう方は無理してIP電話を導入する必要はなく、私用の携帯電話で十分です。このように、ここでも形式にこだわるのではなく、合理性を追求することが独立人生においては大切です。

□もうFAXはいらない

次はFAX（ファクス）ですが、いまや多くの仕事でFAXは不要になりました。とくに紙でしか確認できないFAXは外出先から確認できないのが一番の難点です。リモートワーク全盛時代において、これほど不合理なものはありません。

行政や一部の金融機関などでは、現在もFAXでのやりとりを要求されることがありますが、そのときは印刷したものを郵送しています（本当です）。それでも、年間1件あるかどうかというレベルです。そのためにFAXを導入して維持していくことは、どう考えても合理的ではありません。一時期はインターネットFAXを契約していた時期もありましたが、毎月1000円ほどかかる維持コストがもったいないので、数年前にFAX番号そのものを放棄してしまいました。それでも何ら問題ありませんでした。

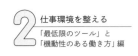

Tips No.

015

Check

オフィスは「自宅＋シェアオフィス」からはじめよう

□本当にオフィスを持つ必要はあるか？

リモートワーク全盛時代において、オフィスを持つことの意味も大きく変わりました。とくに1人でビジネスを行う場合は、極端な話、自宅でも十分に可能だということに多くの人が気づいたのではないかと思います。

近年、起業家向けのサービスの1つに「シェアオフィス」が挙げられます。「コワーキングスペース」とも呼ばれるこのサービスの特徴は、賃貸事務所の物件と異なり、契約のしやすさと維持コストの点において優れています。とくにこの数年で、デザイン性を全面に打ち出した機能的でおしゃれなシェアオフィスが増えました。

かつて、より大きな事務所を持つことがステイタスという時代もあったので隔世の感がありますが、現在の私のおすすめは「自宅＋シェアオフィス」です。**シェアオフィスの機能をふんだんに使いつつ、できる限り余計なコストをかけない。**交通費ひとつとっても、独立前までのように会社が全額支給してくれるわけではありません。意外と知られていませんが、独立後の交通費は「あれ、こんなに使ってるんだ？」と盲点になりやすいので、こまめなチェックが必要です。

□シェアオフィスは「来客のしやすさ」で選ぶ

次にシェアオフィスの選び方です。私が重視しているのは、**「立地」「コスト」、そして「来客のしやすさ」**です。

「立地」とは、自宅からの距離やアクセスのしやすさです。片道1時間以上もかかるようでは移動時間も交通費ももったいない。しだいに足が遠のくのは目に見えています。「コスト」も月額5000円くらいから、上は10万円を超えるような豪華なものまでピンキリです。固定費ですから負担なく支払えるものを選びましょう。

「来客のしやすさ」は意外と重要です。シェアオフィスは作業をする場所だけでなく、人と会う場所でもあります。打ち合わせを頻繁にする人は、相手のアクセスしやすさも重視してください。必要以上にセキュリティが高いとそれがストレス要因にもなるので要注意です。

Tips No.

Check

016

「銀行口座」を開設する（ネット専用でOK）

□銀行の「審査」をクリアするためには準備が必要

「収益の見える化」という意味でも、仕事専用の銀行口座を開設しましょう。個人事業の場合はすでにお持ちの個人口座でかまいませんが、プライベートと完全に分離させることが大事です。ここ数年、マネーロンダリングや犯罪による収益移転防止の観点から、銀行口座を新規に開設することは以前のように簡単ではありません。とくに法人の場合は一定の審査がありますので、慎重に準備することが求められます。

審査のポイントとなる1つ目は、**会社の登記場所です。**シェアオフィスのような不特定多数を対象にしたオフィスの場合、法人口座の開設は困難だといわれています。そのため、1章でもお伝えしたように、最初の登記場所は自宅にしておくのがベターです。

次に注意したいのが**資本金**です。現在の会社法では資本金1円で会社を設立できますが、社会的信用という観点からすると資本金は最低でも50万円ほどが望ましいです。**Webサイトの有無**も審査対象になります。金融機関から見て一番困るのは「事業実態のないペーパーカンパニー」です。そのような烙印を押されないためにも、口座開設時にある程度のサイトを準備・公開しておくことが求められます。

口座開設時には、税務署に提出した「青色申告承認申請書」の控えや登記簿などが必要になりますので、準備をしておきましょう。

□ポイントは、振込手数料＋ネットバンキング利用料

次に、重要となるのが銀行の選び方です。ここでもポイントとなるのが、**維持コスト**です。じつは法人の場合、多くの銀行で月々のシステムの利用料が必要になるのです。このようなことから、個人事業主におけるベストの銀行は、**ネット専用銀行**です。

ネット専用銀行のメリットは、毎月のシステムの利用料が不要のうえ、口座の開設が比較的簡単なことです。そして、振り込み手数料が割安に設定されています。また、支払い専用、受け取り専用、納税資金保管用といったように、用途に応じて複数の口座をつくることも可能ですので、最低でも2つくらいは用意しておくと後々役に立ちます。

Tips No.

Check

017 仕事用の「クレジットカード」を用意する

□会社員時代の感覚でカードを使うと大変なことに！

銀行口座が開設できたら、次は**仕事専用のクレジットカード**を用意しましょう。個人用のクレジットカードでも決済できますが、仕事とプライベートの区別がつかなくなると確定申告のときに大変な思いをすることになるので、仕事専用のクレジットカードは必要です。クレジットカードを複数枚持っている方は、1枚を仕事用にするのでもけっこうです。

かつては、「独立すると（信用問題で）クレジットカードがつくれなくなる」といわれていましたが、最近では会社設立と同時にカード会社からお祝いのメッセージとともにクレジットカード作成のお願いが届く時代になりました。もちろん一定の審査はありますが、与信に極度の不安がない限り、あまりおびえる必要はなさそうです。

クレジットカードにまつわるトラブルといえば、安易な気持ちからの「使いすぎ」と「支払い時に現金がない！」の2つです。恥ずかしながら、私は2つとも経験があるので、日頃からクレジットカードを使い慣れている人こそ注意してください。

独立後は会社員時代のように毎月給料が振り込まれるわけではありませんし、1年目から安定した収入が確保されていることはまれです。また、「今月だけはしかたがない……」と**プライベートの口座から事業用に補填するのもやめましょう。こうした「補填グセ」は長期になればなるほど、問題は大きく、深刻になります。**

□デビットカードは「資金繰り」の強い味方になる

そこでおすすめなのが、デビットカードです。決済と同時に口座から自動で引き落とされるデビットカードは、「資金繰り」の強い味方になります。事実、私は会社のカードを年会費14万円のビジネスプラチナから年会費無料のデビットカードに変更して以降、支払い時の不安がなくなり気持ちがだいぶ楽になりました。プラチナカードを使っていた頃は文字通り、ここでも「ステイタスの呪縛」に陥っていたのです。「出張はグリーン車、ホテルはワンランク上に泊まりたい」などといった欲求に終わりはありません。

デビットカードには、こうした虚栄心を収める力もあるのだと感じる今日この頃です。

Tips No.

Check

018

「クラウド」を徹底的に使いこなす

ローカル環境に、極力データを残さない

1章でもお伝えしたように、PCやスマートフォンなどのデータはきちんと管理しましょう。そこでぜひ活用してほしいのが、「クラウド」と呼ばれる、特別なソフトを導入しなくても利用できるインターネット上のサービスです。

クラウドサービスが優れているのは、インターネットにつながっていればデータを保管したり引き出したりすることができる点です。万一、PC端末が盗難に遭ったり故障したりしてもデータが安全な場所に保管されているため安心です。ファイル容量の大きい動画や写真などのデータはクラウドに不向きとされるため、外付けのハードディスクと使い分けるようにするとよいでしょう。

代表的なクラウドサービス

サービス名	無料プラン	料金
Dropbox	2GB	2TB 1,200円／月～
OneDrive	5GB	100GB 224円／月～
Googleドライブ	15GB	100GB 250円／月～
iCloud	5GB	200GB 400円／月～

いずれにせよ、**仕事で使用する重要なデータはローカル環境だけに保管しないことです。**

❏究極は「スマホだけ」で仕事ができる状態

なぜ、こんな基本的なことをお伝えするかというと、盗難や水没、落下といった不慮の事故のリスクをゼロにすることはできないからです。

理想はなるべくＰＣを持ち出さず、タブレット端末やスマートフォンだけで仕事ができるようになることです。これでリスクは激減します。

クラウドの選び方として、大きな違いは無料プランに用意されている容量と料金でしょう。まずは無料プランで体験してみて、気に入ったものを有料契約するのがベターです。その際、ＰＣだけでなく、スマートフォンでの使い勝手も重視することもお忘れなく。

Tips No.

Check

019

「クラウド会計」を導入しよう

□これからは「クラウド会計」が主力に

データ保管のクラウドサービスに慣れてきたら、次は「クラウド会計」にチャレンジしてみましょう。クラウド会計とは、インターネット上で仕訳から決算書や確定申告書の作成を行うソフトのことです。ある調査によると、クラウド会計の利用によって、会計業務が約半分に減ったというデータもあるほど業務を劇的に効率化する優れたサービスです。

クラウド会計は一般的に法人向けのサービスのように思うかもしれませんが、ここ数年で大きな進化を遂げ、個人事業主にとっても使いやすい環境になりました。

たとえば、領収書などの経費入力もそう。以前は領収書1枚ごとに金額を入力して仕訳作業を行う必要がありましたが、現在はスマホで領収書を撮影するだけで日付や金額が自動入力されます。クレジットカードは登録するだけで同期され、確定申告書の作成はいくつかの質問に答えるだけで完成します。確定申告では医療費控除や住宅ローン控除、ふるさと納税にも対応しているほか、ほぼすべての機能がスマホで確認できるのも大きな魅力です。

□個人事業主のお金まわりをサポートしてくれる

クラウド会計の魅力は、まだまだあります。インターネット環境さえあればどこからでも使えることです。無料でアップデートされるため、税率の変更や様々な法改正にもきちんとキャッチアップできるのも大きなメリットです。請求書や領収書の発行に加え、経費精算や勤怠管理にも連携が可能ですので、将来的に法人化する場合、顧問税理士に依頼する際にもスムーズに移行できます。

私がたどり着いた結論は、「クラウド会計は個人事業主やひとり起業家にとって必須のツールになる」です。個人事業として創業してから法人化、そして会社をたたむか誰かに譲るまでずっとお世話になるソフトです。まさに「ゆりかごから墓場まで」の発想です。

個人事業主は「自分」という限られた労働力のなか、業務を効率化しながら収益性を追求することは永遠の課題です。ときにはコストをいとわず合理化する意識と行動が将来に大きな差となります。

Tips No.

Check

020

自己紹介を兼ねた「10分プレゼン資料」をつくる

□ 30分の面談時間のうち、プレゼンは10分まで

仕事環境がある程度整ったら、次は自己紹介を兼ねたプレゼン資料を作成しましょう。このプレゼン資料があるとないとでは、相手に与える印象も大きく変わります。また、予期せぬオファーがきたときにも役立ちますので、ぜひ作成しておくことをおすすめします。

初対面において、自己紹介を兼ねた事業の紹介が許されるのは、長くて10分程度です。この10分間で、ある意味あなたの印象は決まってしまいます。あれもこれもと語りたくなるところをぐっとこらえて、シンプルにまとめるのがポイントです。

この10分プレゼンにおける最大のコツは、相手の潜在的な意識に訴えかけることです。それは、**「なぜ今、私があなたと仕事をする（商品やサービスを購入する）必要があるのか？」**

ひとり起業ファーム協会のプレゼン資料

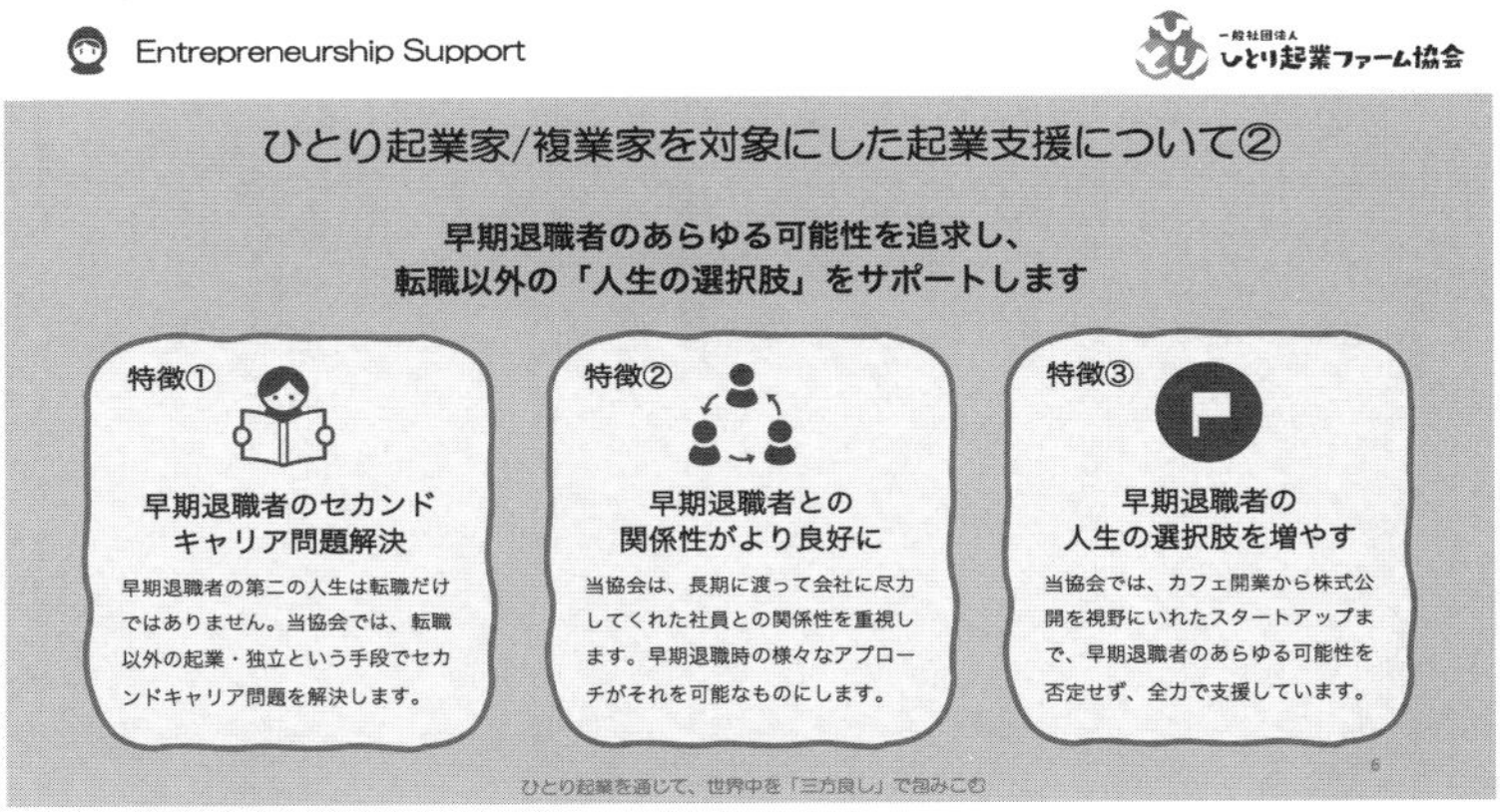

Entrepreneurship Support
一般社団法人 ひとり起業ファーム協会
ひとり起業家/複業家を対象にした起業支援について②
早期退職者のあらゆる可能性を追求し、
転職以外の「人生の選択肢」をサポートします
特徴①
早期退職者のセカンド
キャリア問題解決
早期退職者の第二の人生は転職だけではありません。当協会では、転職以外の起業・独立という手段でセカンドキャリア問題を解決します。
特徴②
早期退職者との
関係性がより良好に
当協会は、長期に渡って会社に尽力してくれた社員との関係性を重視します。早期退職時の様々なアプローチがそれを可能なものにします。
特徴③
早期退職者の
人生の選択肢を増やす
当協会では、カフェ開業から株式公開を視野にいれたスタートアップまで、早期退職者のあらゆる可能性を否定せず、全力で支援しています。
ひとり起業を通じて、世界中を「三方良し」で包みこむ
6

という素朴な疑問に対し、明確な答えを用意できるかどうかが問われます。

資料に盛り込む要素は、「事業（仕事）内容」「解決できる問題や課題」に加え、「活動理念やポリシー」もあるとよいでしょう。最後に「本人プロフィール」をまとめれば10分程度です。

□「ひとり歩き」しても誤解されない工夫を

オンライン面談の場合は、資料をPDFにまとめて渡すようにしましょう。

また、相手の規模が大きいほど、すぐに結論は出ません。預けた資料を「検討します」といわれて終了ということも。だからこそ大切なのは、その資料が「ひとり歩き」しても誤解されないよう工夫すること。読み手の立場を踏まえて一字一句こだわってください。

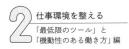

Tips No.

Check

021

「請負派」か「独立派」でいくかを見極める

□請負派は業界慣習のもと、下請けになりやすい

「仕事の獲得方法」はとても重要です。あまり考えず、業界の慣習に従ったまま仕事をはじめてしまうと、その流れに逆らえないことも少なくありません。

仕事の獲得方法は大きく2つに分けられます。1つは発注元から請け負うタイプ。もう1つは、自ら顧客を創造する独立タイプです。一概にどちらがよいというわけではなく、まず両者の「違い」を明確に理解することが大切です。

では、それぞれの特徴を紹介していきましょう。請負派は安定して定期的に仕事を発注してくれる発注主がいれば、十分に仕事として成立します。しかし、それと引き換えになるのが、価格の決定権です。さらに、その業界に歴史があるほど、業界の慣習のもとに下請けに

なりやすい特徴があります。一度引き受けた価格を上げていくのは、とても難易度が高いです。そのため、**請負派はスキルを高めて圧倒的な能力を売りにするか、徐々に独立派の領域を広げていく努力が必要になります。**

一方、独立派は自由に価格を設定できるものの、顧客を自ら開拓しなくてはなりません。「1対5の法則」という言葉があるように、新規客の開拓は継続顧客のフォローの5倍コストがかかるといわれています。また、顧客との取引をどのように継続させていくかを自分で構築しなくてはなりません。この部分をあいまいにしたりおろそかにしたりすると、毎月のように新規客を追い求める「負のスパイラル」に陥ります。

□独立派の成功パターンは「独自市場」をつくること

私の経験上、独立1年目から独立派でいくのはリスクが高いのであまりおすすめしません。そのため、請負仕事でベースをつくりつつ、少しずつ独自の領域を模索していくのがベターです。ある程度、独自領域で手応えを感じたら、徐々に比率を上げていきましょう。

切り替える見極めのポイントは、**新規で獲得した顧客と継続して取引できるような仕組みが構築できるかどうか**です。よほどの営業の達人でもない限り、毎月のように顧客獲得に追われるようでは、心身がもちません。

Tips No.

Check

022

「差別化」で腕を磨くか「独自化」で新境地を拓くか決める

□差別化は「そこまでやるか！」と思わせる

請負派と独立派の違いを理解してある程度の道筋が見えてきたら、次は「差別化」と「独自化」を意識しましょう。

「差別化」の特徴は、今の仕事においてより高いレベルを追求して他者（他社）との違いを明確にすることです。ポイントは**「顧客から見て違いがわかること」**。その道のプロでしか違いがわからないようでは、顧客は理解できません。理想は、顧客やライバルから「そこまでやるか！」と思わせることです。それが唯一無二の魅力として伝われば競争も減り、必然的にあなたの魅力は高まります。

次ページの図のように、他者との違いが明確に打ち出せず成果も得られない中途半端な状

差別化と独自化のイメージ

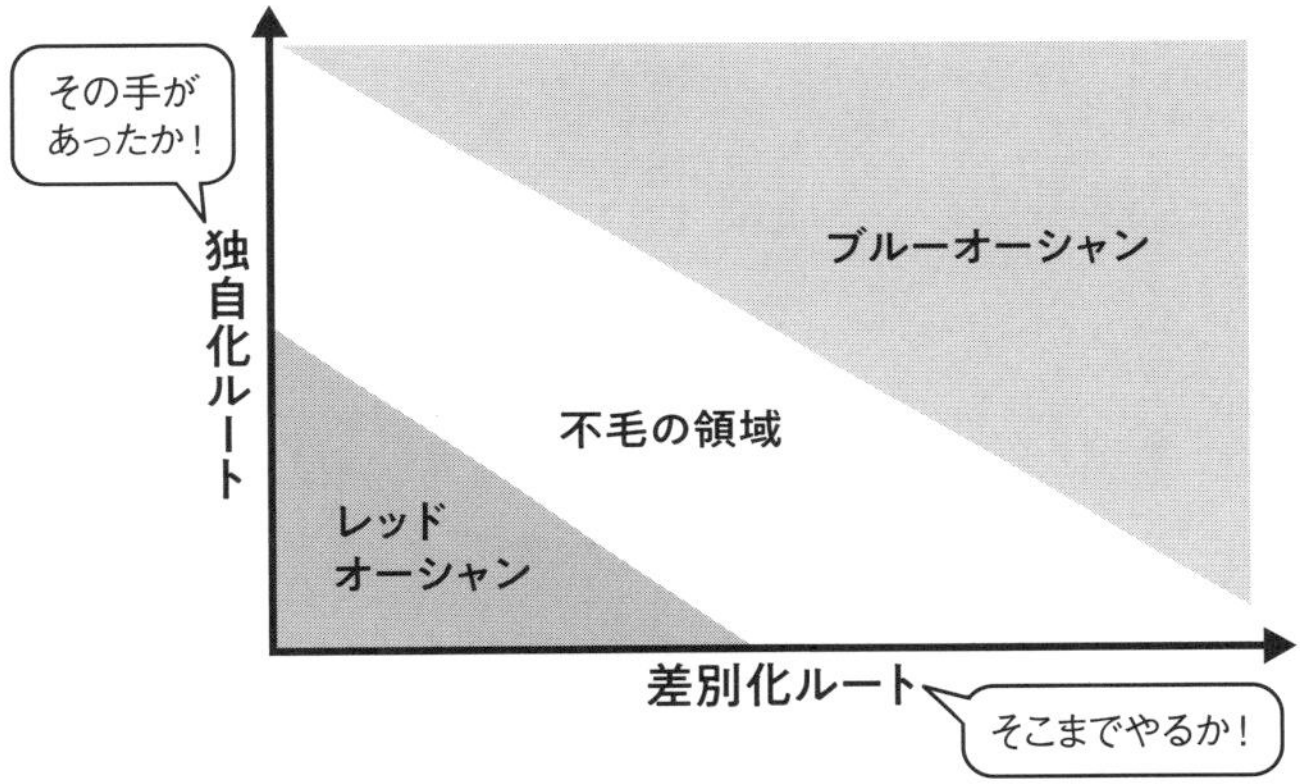

態を「不毛の領域」といいます。それ以前の領域は、競合がうごめくなかで最終的に価格競争に陥る「レッドオーシャン」です。

□独自化は「その手があったか！」

「独自化」の特徴は、小さなニーズを巧みにとらえて、新たな市場を創り出すことです。 そこにはほかに類を見ない「新規性」という視点も必要です。顧客や他者からの反応は、「その手があったか！」です。「目のつけどころ」で独自の存在となるのです。

理想は、差別化戦略で腕を磨き、顧客から一定の信頼を得たうえで新機軸を打ち出す独自化領域へ少しずつ移行していくことです。 そうすることで、たとえニーズは小さくとも競争のない領域で仕事ができるようになります。

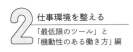

Tips No.

023

Check

「下請け仕事」は極力受けない仕組みをつくる

□「下請け根性」が染みつくと、抜け出すのが困難に

かつて、私がとあるNPOの事務局長をしていたときのことです。当時、半数以上のメンバーが、フリーランスとして企業から仕事を請け負う人たちでした。

私はメンバーからの「ある申し出」に悩まされていました。その団体では月に一度の定例会議を行っていたのですが、ある時期から「自宅から事務局までの交通費を支給してほしい」という声が上がるようになったのです。NPOは非営利活動ですから、そんな余裕はなく最初は丁寧に交通費を支給できない理由を説明していたのですが、一向に理解してもらえませんでした。

そこで、私は1つの結論にたどり着いたのです。「これ以上、価値観が異なる人とは働け

ないな……」」。よくよく調べてみると、交通費を要求してきたのは大半が「請負派」の人たちで、様々なシーンにおいて発注主から交通費が支給されていたのです。

のちに知ることになるのですが、経営学の父・ピーター・ドラッカーは**「嫌いな人と仕事はできるが、価値観の合わない人とはできない」**という言葉を残しています。

□「下請け仕事は○割まで」とルールを決めよう

極端な例かもしれませんが、下請け仕事を長く続ける1つの弊害がここにあるように感じます。発注主から指示された価格や環境で長期間仕事をしていると、いつの間にかマーケット感覚がマヒするだけでなく、安定した仕事量や交通費と引き換えに、本来最も大切にすべき「自主性」を失っているように感じるのです。

そこで、私がおすすめしているのは、**下請け仕事の上限に一定の割合を設けることです。**上限を決めることによって、残りを独自の商品やサービスで賄《まかな》う必要性に追い込まれます。このような強制力を持った仕組みをつくることが、独立人生を長く、豊かに続けるコツです。

どんな仕事もはじまりと終わりがあります。**仕事のはじまりと終わりを相手の都合で決められるのか、自分で決めるのか。**これは大きな違いです。そして、発注主の顔色ばかりうかがうことではなく、顧客の声なき声に耳を傾けることを肝に銘じておきたいものです。

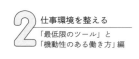

Tips No.

Check

024

「法人の設立」は自分でやってみよう

専門家の手を借りなくても会社は設立できる

2005年の商法の改正（会社法の制定）により、最低資本金制度が廃止され、株式会社は理論上、資本金1円で設立することが可能になりました。このことによって、より起業しやすい環境になったことは間違いありません。

実際に私も最低資本金制度廃止の恩恵を受け、会社を設立しました。そのときのことを思い出しながら、2社目となる一般社団法人の設立を行ってわかったことがあります。**「法人の設立手続きは、専門家の手を極力借りずに、自分でやるのが望ましい」**です。

「会社設立」とインターネットで検索すると、司法書士や行政書士をはじめとする専門家のページがずらりと並びます。しかし、法人の設立は決算のように高度な専門性が求められるものではありません。どちらかというと、設立にまつわる様々な「手間」を専門家に一任することで、事業に全力投球できることがメリットなのでしょう。けれども、余裕をもってしっかりと取り組めば、専門家の手を借りずに会社を設立することは可能なのです。

□「定款」の作成は将来を見据え、準備は入念に

会社設立において最も重要なのは、「社名」と「定款《ていかん》」です。どちらも一度作成したら変更するのは手間とコストがかかりますので、慎重に決めるようにしてください。社名については事業の特徴をシンプルにとらえたものがよいと思います。1章でも説明したように、社名に独自性があれば商標として登録することも可能です。

定款は、「会社の憲法」とも呼ばれるように、この会社がどんな事業を行うのかについて箇条書きにしたものです。将来的に行うであろうことをあらかじめ見越して入れておくとよいでしょう。しかし、あまりにも無関係なものばかりを詰め込むと、銀行口座の開設の審査などで不利に働くケースがあります。定款には「型」がありますので、それにあてはめて作成すれば数日で出来上がります。その後は、設立地域の公証役場に相談しながら手続きを進め、一連の手続きが終わる頃には、法人を設立する自覚と自信も芽生えてくるはずです。これが、専門家の手を借りることを推奨しない一番の理由です。

Tips No.

025

Check

「リモートワーク」前提で、ワークスタイルを確立する

□リモート対応可能なワークスタイルは必須

オフィスの話でも少し触れましたが、今の時代は**リモートワークを仕事の中にどれくらい取り入れていくか**を決めておくことが大切です。リモートワークをしやすい仕事と、そうでない仕事があるのも事実ですが、可能な方はできるだけ有効に利用することが働きやすさにも大きく影響します。

私のクライアントで都内在住のコンサルタントの男性は、独立して数年後に千葉県内の古民家を取得し、改装してペットオーナー専門のキャンプ場をオープンしました。キャンプ場の仕事は大きな収益こそ見込めないものの、週の約半分をキャンプ場ですごす彼はとても充実して幸せそうです。

ワークスタイルに正解はありませんが、リモートワークの普及が自身のワークスタイルの自由度につながるように感じます。

□場所にとらわれずに稼げる商品も必要

リモートワークに必要なのは、ノートPCとインターネット環境くらい。そのため、リモートワークの優れている点は、場所を選ばずに仕事ができることにあります。

独立人生において、場所を選ばずに働くことができることは、時間の有効活用という意味でも大きなメリットです。そこで「場所にとらわれずに稼げる商品」をつくることを目標に加えてみることも、ぜひ挑戦してみてください。その後の事業を支える基盤となります。

リモートワークを実践するなかで将来的に法人化を考えている場合は、メンバーが増えたときのことも見据えておくことです。オフィスに集まらないと仕事ができないのでは、これからの時代は何かと不便ですし、リモートワークを前提とした働き方に魅力を感じる人も若者を中心に急増しています。

リモートワークの実践をはじめ、時代の変化の先頭に立つことでしか見えてこない景色があります。それを自らの体験談として顧客に伝えることで、単なる情報の提供でなく、生きた説得力のある情報として信頼関係の醸成にもつながります。

Check

第3章

個人事業主としての立ち位置を決める

「マインドセット」と「事業コンセプトの設計」編

Tips No.

Check

026

「何歳まで働くのか」をイメージする

自営の世界に定年なし

独立後は「定年」という概念がありません。そこで、自分が何歳まで働くのかを決め、そこから様々なことを「逆算する発想」が求められます。

私は31歳で独立した当時、自分の引退時期など1ミリも考えたことがありませんでした。それが50歳を間近に控えた現在、ようやく自分の引き際を意識するようになりました。

好きな仕事をしているわけですから、できるだけ長く働きたい。もっといえば、生涯現役を貫きたい。一方で、できるだけ健康寿命を長く保たなくてはならないけれど、いくら気をつけたところでどうなるかはわからない……。そういった葛藤を抱えるよりも、**残りの現役期間をある程度イメージして、「いつまでに、何を達成するか」といったような目標設定をする**

「何歳まで働くのか」を算出する

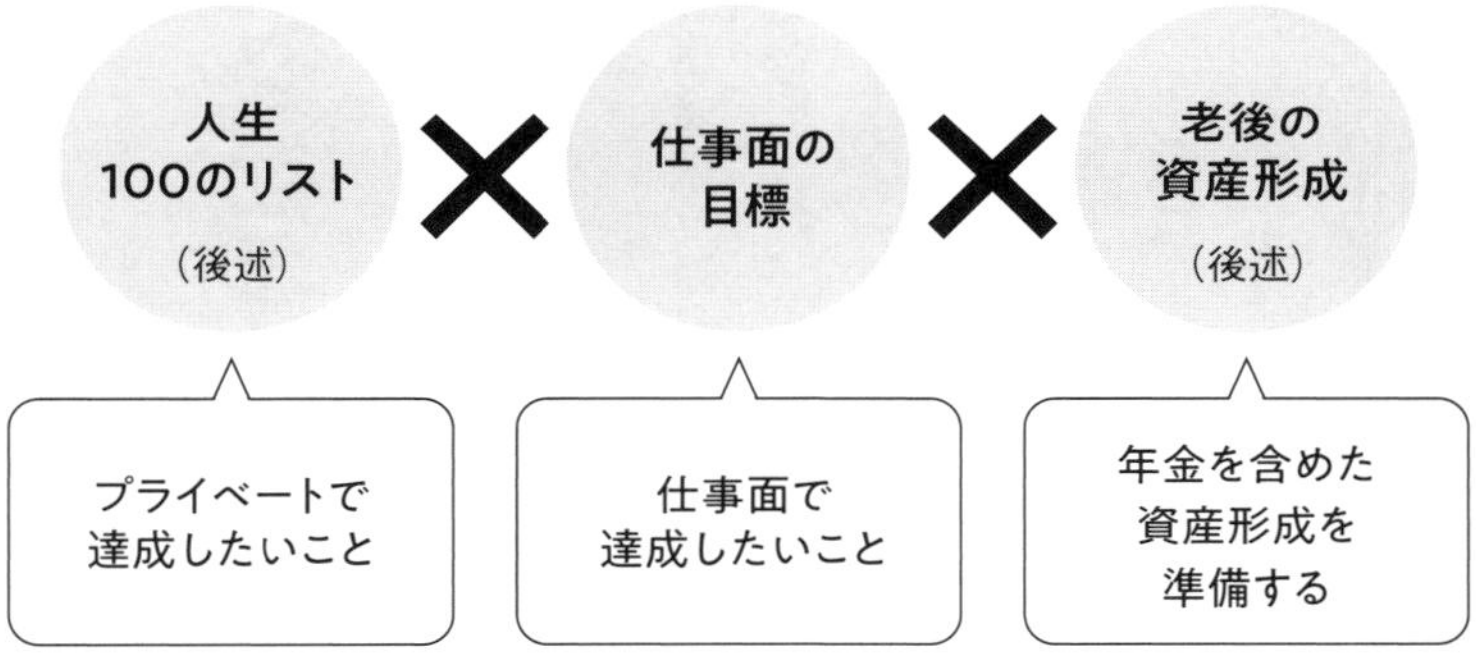

必要がある、と強く感じています。

□引退時にどんな自分でいたいかをイメージ

人生は、仕事だけではありません。「これだけはやっておきたいこと」や「行っておきたい場所」「会っておきたい人」「理想の老後生活」など、挙げればきりがないはずです。

それらが明確でないと、漫然と日々の生活や仕事に向かうことにもなりますし、「とにかく稼がなくては！」という強迫観念から、過労状態→健康悪化に陥りかねません。事実、仕事のしすぎで健康を害してしまった人を何人も目にしてきました。

引退後を見据えた「第二の退職金」を積み立てる資産形成も必要になってきますので、準備は早ければ早いほどよいのです。

Tips No.

Check

027

会社員時代の「棚卸し」をする

□キャリアを振り返り、人生曲線グラフを描いてみよう

独立したからには、どこかの会社に入るために履歴書を書く必要はもうないのですが、この機会に会社員時代の経歴や実績をベースに心理状態を含めた「棚卸《たなおろ》し」をしておきましょう。棚卸しをすることによって、自分自身の「傾向と対策」がつかめるようになります。棚卸しは、**「自分自身のトリセツ」**をつくるためでもあるのです。

まずは、これまでどんなキャリアを積んできたのかを整理してみましょう。そして、時系列を意識しながら次ページのような「人生曲線グラフ」に仕立ててみてください。作成のポイントは、どの仕事に従事していたとき、どれくらい充実していたか。顧客や周囲から「感謝されたこと」や「最も達成感を感じたこと」を中心に書き出してみましょう。そのときど

人生曲線グラフ

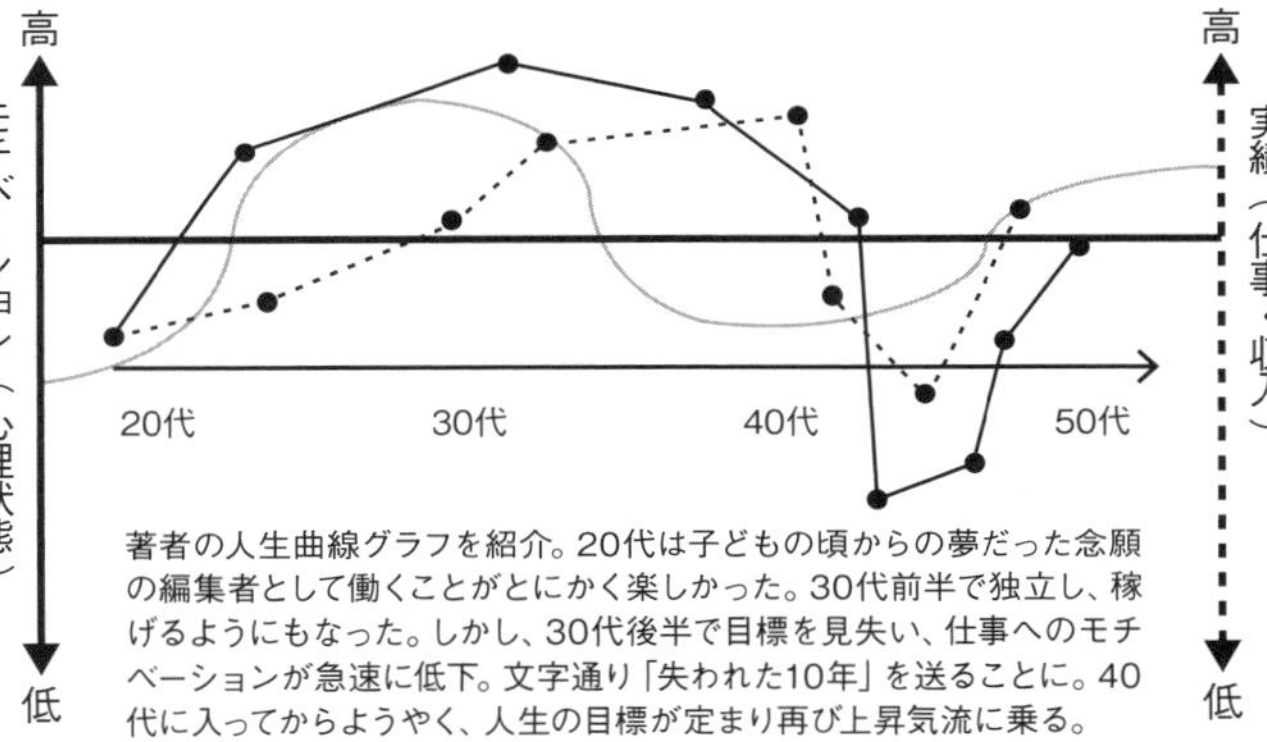

著者の人生曲線グラフを紹介。20代は子どもの頃からの夢だった念願の編集者として働くことがとにかく楽しかった。30代前半で独立し、稼げるようにもなった。しかし、30代後半で目標を見失い、仕事へのモチベーションが急速に低下。文字通り「失われた10年」を送ることに。40代に入ってからようやく、人生の目標が定まり再び上昇気流に乗る。

きの心理状態も加味すると、自分のモチベーションの源泉も見えてくるはずです。

□自分が何者かがわかる

この人生曲線グラフを作成すると、様々なメリットがあります。

「なぜ、自分は独立を選んだのか？」「自分には何ができるのか？」「これから何がしたくて、何をすべきなのか？」「自分が役に立てるのはどんな人なのか？」「社会とどのように関わっていくのか？」といったような**根源的な問いと必然的に向き合うことになるからです。**このような取り組みが新たなビジネスを生み出すきっかけにもなるのです。人生曲線グラフには、独立人生をより豊かなものにするエッセンスが詰まっています。

Tips No.

Check

028

「人生100のリスト」を作成する

これからの人生で成し遂げたいことをリスト化

独立したあなたは、基本的に自由な存在です。これから何をしようにも制限されることはありません。では、何をするのか？　この機会に、残りの人生でやりたいことを一気に書き出してみることをおすすめします。題して「人生100のリスト」です。

このことを教えてくれたのは、ラジオＤＪや作家として活躍するロバート・ハリスさんです。若い頃からハリスさんのファンだった私は、著書『人生の100のリスト』を読んで、「人生をより豊かにデザインするには、やりたいことをリストアップしてみよう」というメッセージに大きく共感し、即実行しました。

独立する数年前の2008年に書いた「100のリスト」が今も保存されていましたので、

例 「人生100のリスト」を書いてみよう

1 歩き遍路（1200キロ）を完全踏破（5割達成）
2 海外出張して世界中の人たちと触れ合う（達成）
3 ホームページを作成し、新規顧客を獲得する（達成）
4 学生向けに授業をする（達成）
5 インドでヨガをする（達成）
6 経営者やアスリートとセッションする（達成）
7 ニュージーランドでヘリスキーを体験する（未達成）

上の図に一部を紹介します。

□仕事もプライベートも混在してOK

この「人生100のリスト」がユニークなのは、細かなルールがないことです。仕事もプライベートも混在してかまいません。ご覧のように、私のリストもわずか7つではありますが、うち3つがプライベートのことです。

書き上がったら壁に貼るなり、手帳に挟むなりして定期的にチェックしましょう。おすすめは、思いきってSNSやブログで「公開」することです。思わぬ反響とともに、予期せぬ協力者が現れるかもしれません。このような、偶然を必然に変えるような行動を積み上げていくこともまた、組織に頼らない個人事業主に求められる力の1つです。

Tips No.

Check

029

5年後、10年後の「理想像」を描く

ダラダラしても、働きすぎても、あっという間に時は流れる

私は独立して17年目になりますが、独立してから5年くらいまでの時間の使い方は率直にいって下手でした。それまで勤めていた会社と業務委託契約をしたものの、仕事量を増やしたこともあって、将来を考える余裕がまったくなく、常に何かに追われていました。30代も後半に差し掛かり、「自分らしい仕事をしなくては……」とあせりが募りました。

ある年の正月のこと。これまで経験したことのない「書籍をプロデュースする仕事」にチャレンジしたいと思い立ち、「１００冊の出版に立ち会おう」と目標を立てました。この何気ない決断が、仕事の幅を広げることにもつながり、のちの人生を大きく変化・進化させることになったのです。

理想像を実現するためのロードマップ

「人生100のリスト」から仕事関連情報を抜き出す

▼

達成したい時期ごとにグルーピング

▼

いつまでに、何を達成すべきか書き出す

▼

取り組む順序を決め、実行する

□「理想の描き方」で結果は確実に変わる

以来、何か新しいことをはじめるときは、**5年後、10年後の理想像**を描くようにしています。さきほどの「人生100のリスト」も同様です。ただ、書き出すだけでは達成できません。少なくとも仕事面においては、具体的な目標設定が必要になります。

まずは、リストから「仕事に関連する部分」を抜き出し、「5年以内」「3年以内」といったように「達成したい時期」でグルーピングして時系列に並べます。すると、「いつまでに、何をすべきか」が少しずつ見えてきます。あとは取り組む順番を決めれば、目標の達成に向けてのロードマップは完成です。定期的にリストを見直すことを習慣にするだけで、確実に目標の達成に近づいていきます。

Tips No.

Check

030

「やらないこと」を決める

□個人事業主で結果が出るのは、優先順位よりも劣後順位

個人事業主が自滅しやすいのは、仕事を受けすぎて身動きがとれなくなるパターンです。目の前の仕事に没頭するあまり、情報収集や将来への準備がおろそかになり、「気がついたら時代に取り残されていた」という笑えない話もよく耳にします。事実、私もその危機に陥りそうになったこともあります。

とくに独立初期に意識してほしいのが、「やらないことを決める」。いわば優先順位よりも「劣後順位」を意識するのです。数多くの起業家を取材してきて感じるのは、成功している起業家はみな「やらないこと」を明確にしていたことです。ひと言で表現するなら、ムダな戦いを極力避け、めったなことでは相手の土俵に乗らないのです。

その後、ドラッカー理論を学ぶようになってから、より「やらないこと」を決める効能の本質に気づくことができ、私も四方八方広げていた事業を集約させることができました。

「やらないこと」を決めることは、独立後の人生をより豊かにするきっかけになります。「やらないこと」を決めると、ムダな考えや行動も減り、新たなチャンスもつかみやすくなり、成功の確率もぐっと上がります。

□手広くはじめて「合わないものを外す」のもOK

ただし、右も左もわからない独立したばかりの状態で「やらないこと」を決めるのは至難の業です。したがって、独立当初は興味関心のあるものにはためらわずチャレンジし、合わないものを徐々に外していくというスタンスで取り組んでみてください。弱者が強者に勝つための戦略として知られる「ランチェスター戦略」を日本の中小企業に広めた経営コンサルタントの竹田陽一氏もいっています。「40すぎたら、合わんことはせんこと」と。

私自身、独立当初はフリーライターとして活動していた時期がありましたが、やがて書くことよりも人前で話をしたり、相手と対話することのほうが好きで得意なことがわかりました。そこであるとき、ライターの仕事を手放しました（＝やらない）。勇気がいることではありましたが、今はあのとき決断できて本当によかったと思っています。

Tips No.

Check

031

持続的発展をもたらす「三本柱経営」の準備をする

□まずは「主力事業（本業）」で基盤をつくろう

事業を持続的に発展させるには、「三本柱経営」が最適です。

三本柱の1本目は**「主力事業」**。まずは、本業であるこの主力事業を軌道に乗せ、継続して儲かる仕組みをつくることを目指しましょう。一般的に、主力事業の寿命は10年前後といわれています。顧客のニーズや価値感、時代の変化を見極めながら収益を最大化させましょう。

□「収益事業」は利益の最大化が目標

2本目は**「収益事業」**、つまり「稼ぐための事業」です。基本的に事業内容は問いませんが、本業と関係のない多角化に走ると失敗のリスクが高まります。顧客ニーズがあって強みを活

事例 **特殊商材の許認可代行・コンサルタント
「インサイトワークス」堀雄太さん**

主力事業	収益事業	未来事業
特殊商材の許認可代行・コンサルタントとして活躍	Amazonや楽天で商品を販売する輸入販売業者として活躍	マンゴージュース専門店FCに加盟し、多店舗化を目指す

かせる分野であればチャンスです。

□将来の主力事業となるのが「未来事業」

将来の「主力事業」となるものへの投資が、3本目の**「未来事業」**です。

独立初期から三本柱をイメージして、3つの事業のバランスをとることで、持続的発展が可能になります。

団体職員だった堀雄太さんの例です。中国から商品を輸入し、副業でネット通販（収益事業）をはじめたところ、わずか数年で急成長。本業の年収を上回ったことを転機に独立し、現在は特殊商材の許認可代行・コンサルタント（主力事業）として活躍。最近ではマンゴージュースの専門店FC（未来事業）に加盟し、多店舗化を目指しています。

Tips No.

Check

032

先輩の「失敗例」をリサーチ＆分析する

□身近な先輩に失敗談を聴いてみよう

個人事業における失敗は、**「今後の成長につながる失敗」**と**「しなくていい失敗」**に大別されます。ポイントは、この「しなくていい失敗」をいかに未然に防ぐかです。

そこでおすすめしたいのが、すでに独立している先輩に失敗談を聴いてみることです。「いつ、失敗したのか」「それはどんな失敗で、ダメージはどれほどだったか」「そもそも避けることはできなかったのか」「原因は何なのか」「その後、どうやってリカバリーしたのか」「その失敗から得られた教訓は何か」「再発防止策として実践していることは何か」……。

このように、様々な角度からヒアリングを行うことで、少しずつ失敗の本質に近づくことができます。

失敗の大部分は「ヒト・モノ・カネ」

	よくある失敗	主な原因
ヒト	・顧客クレーム ・パートナーとの関係悪化	▶コミュニケーション不足 ▶情報共有不足
モノ	・計画性のない買い物 ・不必要なリース契約	▶収益計画の準備不足 ▶リサーチ不足
カネ	・固定費の増大 ・売掛金未回収	▶過度な楽観主義 ▶取引先の与信管理

ヒアリングのポイントは、自分の性格と照らし合わせ、似たような失敗をしそうに感じたら、その部分を深掘りすることです。失敗の傾向などを分析することで、失敗を極度に恐れる必要がないことも理解できるようになります。

□失敗の大半は「ヒト、モノ、カネ」

失敗をジャンル別に分けてみると、「ヒト」「モノ」「カネ」に集約されます。

「ヒト」は採用や顧客、パートナーとの関係性の悪化。「モノ」は計画性のない不要な購入や契約。「カネ」は出費の増大や収入の滞りの結果、資金繰りが悪化して、事業が立ち行かなくなることを指します。

どんなタイプの失敗が起こり得るのかを把握して、陥らないための策を講じておきましょう。

Tips No.

Check

033

「強み」を再認識し、言語化する

□「強みが事業であり、利益の源泉である」

あなたの**「強み」**は何ですか？

この質問に対し、一瞬で答えられるようになると、独立後の人生はより明るいものになります。「強み」を特定できると、他者（他社）との違いを打ち出せるようになり、「望む価格」で購入してくれる顧客が増え、よい関係が築けます。

ドラッカーは**「強みとは、事業そのものであり、利益を生み出す源泉になるもの」**と定義しています。これまでのキャリアを通じて積んできた経験や実績を担保してきた土台のようなもの、それが「強み」です。「強み」はそれ自体が価値を生み出すものですので、「○○力」と言い換えることができます。

Q　強みを特定・強化する７つの質問

1　これまでの仕事で、最も達成感を得られたことは何か？
2　これまでの仕事で、最も感謝されたことは何か？
3　仕事で得た知識や経験、実績を「○○力」で表現すると？
4　その強みは、誰に対して効果を発揮するものか？
5　その強みは、どんな課題を解決するものか？
6　その強みは、仕事の工程に十分に組み込まれているか？
7　その強みは、どれくらいの期間、有効に機能できるか？

まずは、これまでの仕事で「感謝されたこと」や「達成感を感じたこと」を中心に洗い出してみましょう。中には「思いがけず感謝されたこと」もあったはずです。このように、**「強み」は自分が決めるというよりは、相手（顧客）が決めるといっても過言ではありません。**

□「相対的な強み」を特定し、絶対的を目指す

次に、その「強み」は「好きなこと」「得意なこと」「顧客ニーズ」と重なるでしょうか。どれか1つでも欠けてしまうと、「強み」にはなりません。ポイントは**「まだ満たされていないニーズ」**です。大きなニーズでなくても、困っている人や何かを改善したい人がいれば、あなたの「強み」は活かせますし、それは仕事の原点として他者への貢献となります。

Tips No.

Check

034 独自の「肩書き」を考える

□独立後は「結局、何者なのか？」が問われる

会社では「肩書き」というと「所属」や「職種」で表現されることが多かったと思います。しかし、独立後は自らの肩書きであなたの特徴を打ち出し、他者との違いを表現することが求められます。**会社という看板がないからこそ、「自分が何者で、誰の、どんな課題を解決」できるのかが重要なのです。**

注意したいのは、世の中にあふれている一般的な肩書きで満足しないことです。具体例で説明しましょう。「経営コンサルタント」という肩書きがあります。この肩書きを使う人は世の中に大勢いますので、ほかの経営コンサルタントと何が違うのか、相手はすぐに理解できません。そこで、**「視点とニーズをずらす」**という方法が有効になってきます。実際に私

の場合、独立当初から「経営コンサルタント」を名乗るつもりはありませんでした。そこで、「経営」という大枠から「独自の市場を創ること」にずらして絞り込み、「独自化戦略コンサルタント」と名乗りました。

□肩書きは効果が実感できるまで「何度でも改善」しよう

特徴ある肩書きのつくり方で最もシンプルでおすすめなのが、あなたの「強み」をベースに、「対象者」を絞り込み、「提供価値」をもとに考える方法です。

強み×対象者×提供価値＝独自の肩書き

この方程式をもとに、これまで「図解改善士」「親子のマネーカウンセラー」「事業創造士」といったような、数多くの特徴的な肩書きが生まれました。

ポイントは、一発必中を狙いすぎないこと。そして効果が実感できるまで何度でも改善することです。また、「バスガイド研究家／プレゼン講師」のように、2つの肩書きを「／」で区切ってあたかも1つに表現するのも効果的です。

名称を勝手に変更できない国家資格の場合は、「中小企業診断士／事業創造士」のようにインパクトのある肩書きを1つ加えるだけでも「そのほか大勢」から抜け出す印象を与えることが可能になりますので、ぜひトライしてみてください。

Tips No.

Check

035

1分で完結する「自己紹介」を磨く

□「過去回想型」と「ビジョン型」の2種類を駆使

自己紹介が得意という人以外、つまり苦手だという人こそ感じやすいのが、独立後は様々な場面で自己紹介が求められることです。

自己紹介には過去のキャリアや現在取り組んでいることを表す**「過去回想型」**と、将来の夢や希望を盛り込む**「ビジョン型」**の2種類があることをご存知でしょうか？　このことを教えてくれたのは、コンサルタントの養成講座「チームＮｏ．1」を主宰する遠藤晃さんで、日本人の9割以上が過去回想型の自己紹介なのだそう（＝よくあるパターン）。そこで、私は次のページのようにビジョン型の1分程度の自己紹介を準備し、実践してみました。はじめは少し恥ずかしい感じがしましたが、聴いてくれた人の反応が過去回想型と比べて段違い

例 「ビジョン型」を意識した自己紹介例

天田幸宏といいます。2020年に「ひとり起業ファーム協会」という一般社団法人を立ち上げました。コンセプトは「10年後も輝き、稼ぎ続けるひとり起業家の生産農場」。なぜ、「ひとり起業」なのか。それは、20年以上に渡って日本全国の起業家3000人超を取材した結果、たったひとりでも高収益なビジネスがつくれることがわかってきたからです。

私が目指しているのは、このひとり起業を通じて「買い手よし、売り手よし、世間よし」の「三方よし」で包まれる世界をつくること。それは、商売において損する人がいない世界でもあります。そのために、まずは日本の大企業を早期退職する人たちの起業支援事業に取り組みます。それが、世界を変える……

であることがわかり、以来、自己紹介の際はビジョン型を意識しています。

□慣れてきたら「30秒バージョン」に昇華

今回は1分程度の自己紹介を準備することを推奨していますが、通常1分間与えられることはまれで「簡単にお願いします」といわれることが圧倒的に多いです。そこで、ある程度慣れてきたら200文字程度で「30秒バージョン」も準備しておきましょう。この30秒の準備を通じて「本当に伝えたいことは何か」がより明確になります。

自己紹介は何度も練習することで確実に上達します。押し売りすることなく、相手から「詳しく聴かせて」といってもらえると最高の営業ツールにもなるのです。

Tips No.

036

Check

頼れる「専門家」を味方につける

□独立後は税理士、弁護士など各種専門家との連携必須

事業を永続させるために外せないのが**「各種専門家との連携」**です。

振り返ってみると、私も様々なシーンで専門家に助けてもらいました。現在は継続して仕事を依頼しているのは税理士くらいですが、変化の激しいＩＴ関連では定期的に専門家と情報交換する機会を設けていますし、トラブルが起きたら仲間の弁護士に相談できる環境・関係を構築しています。

「いざ」というときに、自分でできることには限界があります。そのため、日頃から専門家の仕事内容を理解しつつ、彼らと良好な関係性を築いておくことが大切です。もちろん、仕事の付き合いですから最低限の相談料や実費は支払うなど、相手へのリスペクトやマナーを

頼れる専門家一覧

弁護士	税理士	行政書士
様々なトラブルの相談窓口として、心強い味方になる。スポット契約可	決算に加え、資金繰りを含めた財務部門の相談相手。顧問契約が一般的	仕事の領域が広く、各種申請手続きを代行。スポット契約可

社労士	IT関連／Web制作	マーケティング
最近は労使トラブルの仲裁役、コンサルタントとして活躍する人も多い	変化や進化が激しいIT関連はちょっとしたことを質問できる関係が理想	ネット集客の専門家は需要大。セールスライティングのスキルもあれば◎

デザイナー	広報／PR	総務
名刺からロゴ制作まで、デザイナーに頼る場面は何かと多い	小さな会社の広報が得意な人は少ない。最終的には自社でできるように	役所への各種手続きを熟知している経験者が身近にいると心強い

踏まえて付き合いを深めていきましょう。

□まずはスポットでも、依頼できる関係を構築

専門家との付き合いにおいて、いきなり料金の話をするのは失礼です。私もいろいろな方から紹介を依頼されるケースが多いのですが、互いの自己紹介が終わった瞬間に「まず見積もりを」なんてケースがあって驚くこともあります。

たしかに依頼する以上、料金は気になるところです。しかし、相手にもその仕事を受けるか断るか、見極める権利があります。また、税理士のように顧問契約が一般的なケースは、単発の相談を通じて相性を見極めるといったことも必要です。Aさんにとってベストな専門家が、あなたにとってベストとは限りません。顧問契約はくれぐれも慎重に。

Tips No.

Check

037

「外注できる仕事（作業）」を見極める

□まずは、すべて自分でやってみてから判断しよう

個人事業主の最大のハンデは、あらゆることを自分でやらなければならないことです。そこで重要になってくるのが、**仕事を外注する「アウトソーシング力」**です。

アウトソーシングが上手になると、あなたの生産性は何倍にも上がります。そこで、重要になってくるのが、**「何を外注して、何を残すか」**です。まずは、「得意⇕不得意」と「好き⇕嫌い」の軸を中心に判断してみましょう。

判断するうえで大切なのは、仕事の中身や本質が理解できるまでは、自分でやってみることです。たとえば、外注する仕事にどれくらいの時間と労力が必要なのかわからなければ、適正な料金を提示することは難しいものです。

アウトソーシング（外注）しやすい主な仕事

1	経理（領収書の整理、請求書の発行、確定申告など）
2	見込み客への営業活動
3	電話対応
4	情報発信（ブログ＆メルマガ発行、SNS運用など）
5	コピーライティング
6	各種デザイン全般
7	Web制作＆IT環境の整備

□無理解の仕事を外注化するのはリスク

かつて、確定申告が苦手だった私は、期限ぎりぎりになってあわてて売上と経費を集計する作業が苦痛でしかありませんでした。

転機は1冊の本でした。知人が書いた『フリーランスのための超簡単！　青色申告』（塚田祐子著）を読んだところ、「これなら自分でもできそう！」と確信したのです。翌年、その本の教えに従いながら確定申告に取り組んだところ、あっという間に終わりました。次の年から大学生の従兄弟に経費の入力作業を依頼して、確定申告はとてもスムーズになりました。

確定申告を通して、税金のことはもちろん経営に関する理解も深まりました。あのとき、「面倒だから」という理由だけで外注しなくて本当によかったと今でも思います。

Tips No.

Check

038

「属人性」と「収益性」のバランスを意識する

□自分しかできない仕事＝属人性の高い仕事

個人事業主が陥りがちな典型的な落とし穴がいくつかあります。その1つが**「属人性の罠」**です。本来、自分にしかできない仕事を追求するのはとてもすばらしいことです。しかし、それを追求しすぎてしまうと、収益の限界が早まってしまうことがあるのです。

とくに注意したいのが健康面です。個人事業主の場合、自分が倒れてしまったら売上は立ちません。したがって、有事を見越して準備や戦略を立てることが重要になってきます。

次に意識したいのが**「時間の壁」**です。仕事が忙しくなるとスケジュールが次々に埋まっていくように、やがて「稼働時間」は上限を迎えます。すると、同時に売上の上限も決まってしまうのです。残るは、睡眠時間を削るか単価を上げるかのどちらかしかありません。中

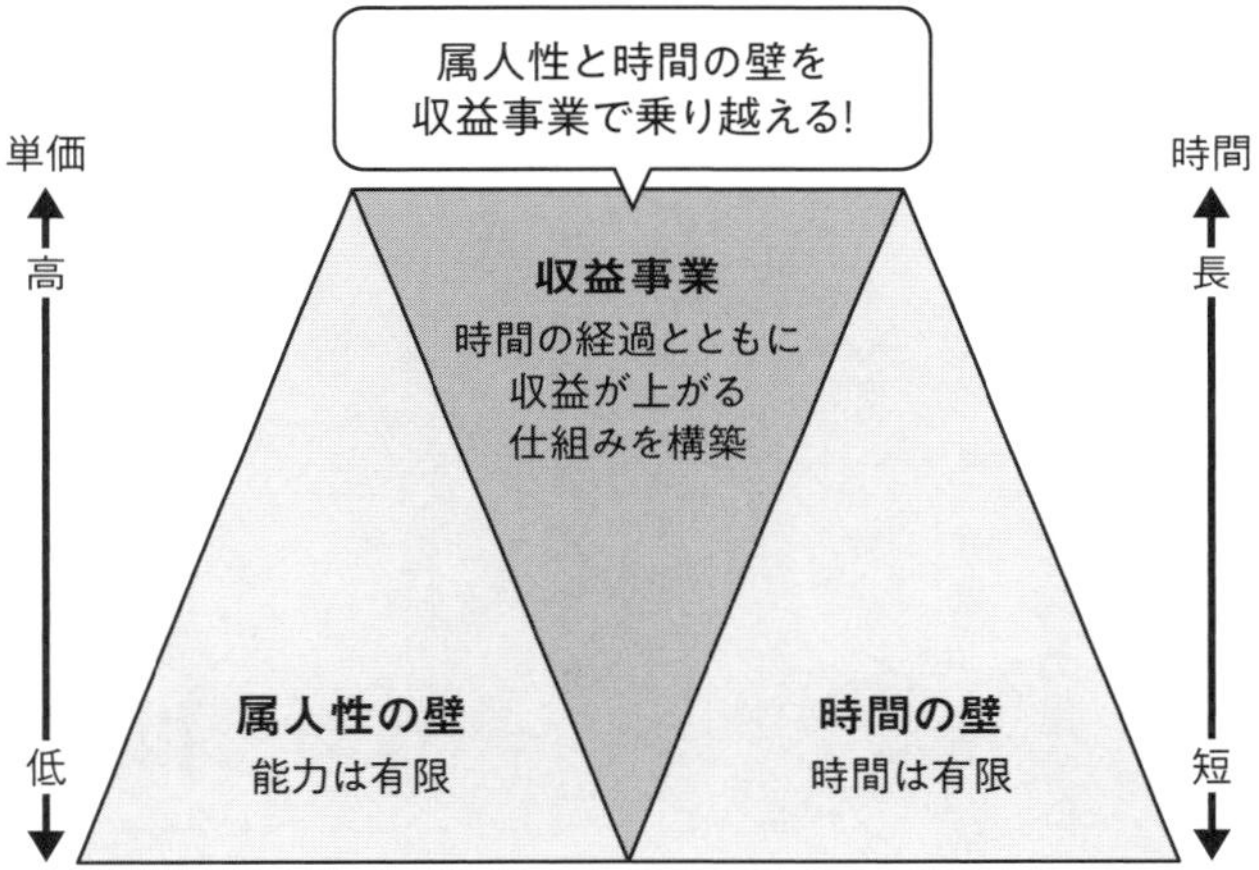

でも時間単価で稼働するコンサルタントやSE、弁護士のような仕事は要注意です。

□早い段階から収益事業を確保しよう

そこで、おすすめしたいのが、独立初期の段階から「収益事業」を持つことです。賃貸不動産のように定期的に家賃が支払われるような、売上が立つ仕組みがあれば最高です。ネット通販やアフィリエイトなど、ある程度自動化できると本業に影響なく取り組めます。

大事なことは、**本業においてオンリーワンの存在となるのを求めつつ、有事のための保険をきちんとかけておくこと。**極論すれば、寝ている間に売上が立つような商品を持つことです。それを早い段階から意識しておくと、日々の仕事がより楽しく、永続するものとなります。

Tips No.

Check

039

必要な資格は「初年度取得」を誓う

□資格取得が目的にならないように

語学や資格取得のように、目標を持って勉強することは仕事にもよい影響をもたらします。そこで、「仕事に必要な資格」について考えてみたいと思います。

まず弁護士や税理士、社会保険労務士のように国家資格がなければできない仕事が存在します。どれも難関資格ですから、資格取得のための勉強も長期戦になります。

そこで大事なのは、**「独立後の自分にとって、その資格は本当に必要なのか？」**をしっかりと見極めることです。そして、タイミングとして理想的なのは、独立前の資格取得です。独立後は何が起こるかわからない不確定な要素が満載です。当然ながら、会社員時代のように給料が毎月保証されるわけではありません。そんなときに、資格取得のための勉強にどれだけ費やすことができるでしょうか。あらかじめ、無収入を見越して貯金を切り崩す覚悟があれば別ですが、そんな余裕がある人は少ないはずです。

□取得時期が見通せる「大学院」という選択肢も

遅くとも、独立初年度で取得することを目標にしましょう。なぜなら勉強があまり長引くと、資格の取得そのものが目的になってしまう恐れがあるからです。それでは本末転倒です。そもそも、資格は古くから「足の裏の米粒」といわれるように、取ったところで急に稼げるわけではありません。オチはこうです。「取らないと気持ち悪いが、取っても食えない」。

資格取得の悩ましいところは、TOEICのように頻繁には試験がないことです。基本的に年に一度か多くても2回程度です。したがって、一度不合格になると翌年まで待たなくてはなりません。そこで視野に入れてほしいのが、社会人でも通える大学院です。たとえば、専門職大学院の1つ会計大学院では、所定の科目の単位を修得して修了すると、公認会計士試験の3科目が免除される制度があり、実際に多くの社会人が利用しています。大学院に通うことは時間も費用もかかりますが、資格取得の不確定要素を減らすという意味においては、重要な役割を果たしているといえるでしょう。

くれぐれも、いきあたりばったりではなく、戦略的に学ぶことをおすすめします。

Tips No.

Check

040

「共同経営」の誘いに気軽に乗らない

共同経営がうまくいく確率は10%未満

独立して事業や仕事が安定してくると、様々なオファーが舞い込むようになります。それはうれしいことですが、何でも「ＹＥＳ」というわけにはいきません。とりわけ、「共同経営」の誘いには注意が必要です。

長年、３０００人以上の多くの起業家を取材してきてわかったことがあります。残念なことに、共同経営でうまくいっているケースはほとんどないのです。とくに独立して数年程度での共同経営はよくて1年が限度。それ以上続いているケースはほとんど記憶にありません。共同経営がうまくいくのは、実質ナンバー1とナンバー2が明確になっているケースです。

共同経営においてモメやすいのは、「金の使い方」と「金の管理方法」についてです。 いまや日本有数のカフェチェーンXも最初は共同経営だったそうです。しかし、あるときから事業資金の管理方法をめぐって創業者の2人は対立。1人は会社の通帳すら見せてもらえなくなり、半ば追い出される形で会社を去ったというのは業界では有名な話です。

□相手に依存する共同経営はとくに注意

なぜ、共同経営においてトラブルが絶えないのでしょうか。それは、意思決定の方法や責任の所在が不明確なままで、事業をはじめてしまうことが多いからです。なんてことはないのですが、経営経験が未熟なうちは、こうしたことさえ決めずに事業をスタートさせてしまうことが意外と多いのです。また、価値観の異なる相手と一緒に経営を行うこと自体、不確定要素とリスクが満載なのだという意識の低さも影響しているでしょう。

さらに、うまくいかない原因の1つは、相手に依存してしまうことにあると思います。たとえば、自分の足りないものを相手に埋めてもらうというのも一種の依存になります。はじめはよくても関係が一度悪化するとそれが火種になり、決裂へとまっしぐらです。

本来、パートナーシップは多種多様のはずです。共同経営だけが正解ではありません。一歩引いた形で「社外取締役になる」というのもよいですし、資金提供だけの「出資」というのも立派なパートナーシップです。

Tips No.

Check

041

安易に「出資」を引き受けない

出資の受け入れ＝モノいう株主

私が起業支援雑誌の編集者として取材をはじめた１９９９年は、ネットバブルの全盛期でした。当時、「ビットバレー」と呼ばれた渋谷には、夜な夜なＩＴ企業の経営者やその予備軍、そして投資家たちが集まっていました。彼らの口癖は「いいベンチャーありませんか。出資させてよ」。それほど安易に出資にまつわるやりとりがなされていたことにびっくりしたことを、今もはっきりと覚えています。

その後、「モノいう株主」が話題になったことがあります。モノいう株主は、株主総会で経営陣に対し、様々な改善の要求やときには取締役の変更を提案したりするのです。規模は違えど、個人事業主やひとり起業家においても似たようなことが実際にあります。

事業が軌道に乗ったときに気をつけたい7つのこと

1	**知り合いから「借金」の依頼が増える** ➡ 個人間の「金の貸し借り」はしない
2	**顧客や取引先からさまざまな「紹介」が増える** ➡「紹介案件」を鵜呑みにしない
3	**知り合いからの各種「お願い」が増える** ➡「縁故採用」は事故の元
4	**さまざまな団体から「お誘い」が増える** ➡ 安易に「役職」を引き受けない
5	**「ここだけの話」が増える** ➡ 本業に関係のない「儲け話」に乗らない
6	**「金融機関」との付き合いが増える** ➡ 使いみち未定の「借り入れ」は極力しない
7	**取引先の「1社専属状態」が加速する** ➡ 未来への「種まき」を怠らない

事業がある程度、軌道に乗ってくると、「出資したい」と申し出があったりするのです。もちろん、それは本来喜ばしいことですが、同時に出資を受け入れることの「重み」もきちんと理解しておかなくてはなりません。

□規模拡大を追求するなら資本政策が重要

百戦錬磨のベテラン経営者ならまだしも、経験の浅い段階で、株主から意図しない提案や改善要求があった際、どのように振る舞うかイメージできているでしょうか。

とくに将来的に上場を目指すスタートアップ型の起業においては、積極的に出資を検討する必要があります。その際は専門家や経験者の力を借りて、綿密な計画を作成したうえで資本政策を準備しましょう。

Check

第4章

「継続して儲かる仕組み」をつくる

何があってもつぶれない「ビジネスモデル」の構築編

Tips No.

Check

042 ビジネスは「ストック型」と「フロー型」に分かれる

□「ストック」と「フロー」の違い

3章では、「属人性」と「収益性」のバランスをとることの重要性をお伝えしてきましたが、この章では**「継続して儲かる仕組み＝ストックビジネス」**のつくり方を説明します。

「継続して儲かる仕組み」を構築するうえで重要となってくるのが、「ストック」と「フロー」のバランスです。もともと両者は、バスタブに溜めるお湯にたとえられます。蛇口から流れ出るお湯の量が「フロー」、その結果バスタブに溜まったお湯の量が「ストック」。仕事にたとえるならば、見込み客から契約を結びつけるまでがフローで、それをリピートして常連客まで育てるのがストックです。

ストックとフローの違いを自動車販売店の例で見てみましょう。自動車の販売は主に新車と中古車に分かれますが、それぞれ特徴があります。新車を販売するのは主にメーカー系列の新車のディーラーです。ここには整備部門があるので定期点検や車検を引き受けることで継続的に利益をもたらす工夫がなされています。一方、中古車販売店は中古車を仕入れて販売するというたってシンプルな事業です。仕入れが止まったら事業の継続が難しくなります。このように、車の販売のみはフロー、整備はストックにたとえることができます。

□ストック性を高める努力は不可欠

ストックとフローを、今度は個人事業主の仕事に置き換えてみましょう。新規顧客から単発で受注する仕事がフローで、保険代理店のように一度の契約で収益が継続する仕事がストックです。よくある失敗例として、既存顧客のフォローをメインとしたストック性を重視するあまり、フローの仕事を軽視してしまうことがあげられます。その結果、見込み客との出会いが減ってしまい、新規の仕事が途絶えてしまうことがあります。

このように、フローとストックはどちらがよいというわけではなく、それぞれの違いを理解し、利益の最大化につながる仕組みを築くことです。重要なのは、**「一度取引した顧客とどうしたら継続できるか」**を考え、日々の仕事を行うことです。そのための具体的な方法をこの章で学んでいきましょう。

Tips No.

Check

043

個人事業主は「継続して儲かる仕組み」が必要

□個人事業主は「継続性」が最も重要

「個人事業主にとって一番大事なことは何か」と聞かれたら、迷わず**「1日も長く事業が継続できること」**と答えます。

何があっても倒れない。万が一倒れても、再び立ち上がって事業を継続する。独立後はそんな強い覚悟が必要です。せっかく独立したものの、顧客獲得がままならず志半ばで事業の継続を断念していった人たちのことを思うと、なおさらです。

いくら単価の高い仕事があったとしても、受注が継続できなければあなたの実力も魅力も発揮できません。そこで独立当初から意識してほしいのが、**「収益性」と「継続性」の両立です。**それが、いわば「継続して儲かる仕組み」の構築です。

□個人事業主版サブスクリプションを模索しよう

では、「継続性」と「収益性」をどのように両立させていくのか。最もシンプルな方法は、ここでも一度取引した顧客と、どうしたら継続できるかを模索することです。

第2章でもお伝えしたように、新規顧客の獲得は既存顧客のフォローに比べて5倍のコストを要します。定額料金を支払うことによってコンテンツやサービスが利用できる「サブスクリプション」は、「究極の儲かる仕組み」といえるでしょう。毎月たった数百円でも継続してくれる顧客がいれば、それは立派なストック型の商品です。**独立後はこのような毎月一定額を支払ってくれる顧客の開拓が欠かせません。**

私の場合、毎月の顧問料で成り立つコンサルティング契約、会員制の経営塾、会員制クラブの会費報酬の3つが定期報酬型の商品です。この3つがあることによって、経済的に大きな安心が得られるばかりか、顧客と継続的に良好な関係を築くことが可能になります。

文章が得意であれば有料メルマガやアフィリエイトブログが狙えますし、コンサルタントや士業にとっては顧問契約を目指すのが一般的です。一定の資金があれば不動産投資もよいでしょう。何か特技があれば、それを教える「お稽古ビジネス」も定期的な支払いが望めます。このように、個人事業主であっても「継続して儲かる仕組み」を構築することは可能です。早い段階から仕組みを準備することで、あとで安定的にリターンを得られます。

Tips No.

Check

044

「継続して儲かる仕組み」の5つの型

□まずは継続して儲かる仕組みの「型」をマスターする

「継続して儲かる仕組み」には、一定の「型」があります。賃貸不動産は「レンタルタイプ」の代表格です。「会員制タイプ」は古くから存在する「お稽古ビジネス」と考えてもらってけっこうです。最近流行しているサブスクリプションサービスやオンラインサロンもこの会員制に含まれます。

文章力に自信がある方は、「有料情報タイプ」でコンテンツ販売を目指してみるのも手です。営業力に自信のある方は、顧客が支払う会費や利用料の一部が報酬になる「コミッションタイプ」が狙えます。納品物のアフターサービスがメインとなる「保守・保険タイプ」はWebの制作会社などがよく採用しています。

継続して儲かる仕組みをつくる5つの型

1	**利益を最大化できる時代不問の【レンタルタイプ】** ▶賃貸不動産や民泊のほか、各種シェアリングサービスも注目
2	**ファンビジネスにつながる【会員制タイプ】** ▶月謝制のお稽古ビジネスやオンラインサロンなど
3	**【有料情報タイプ】はコンテンツ力が問われる** ▶書籍や有料メルマガ、noteのほか、ブログの収益化も魅力的
4	**顧客コストが報酬になる【コミッションタイプ】** ▶保険代理店や営業代行など、営業力がある人におすすめ
5	**安心を売る【保守・保険タイプ】** ▶Web制作の保守・メンテナンス契約など

私の場合、会員制タイプの経営塾を運営し、有料情報タイプの書籍があります。それらに加えて数年前から顧客が支払う会費の一部が報酬になるコミッションタイプも取り入れ、事業の安定化を目指してきました。このように、**自身のスキルや特性と合わせて、「継続して儲かる仕組み」を構築していきましょう。**

□利益の最大化は「ほったらかし」できる事業が最も有効

「継続して儲かる仕組み」は文字通り仕組み化して、**その後は極力メンテナンスやサービスの手間がかからないようにする**のもポイントです。

なぜなら、最初の仕組みづくり以上に注力しなければならないとフロー型に近くなってしまい、継続しにくいからです。

Tips No.

Check

045

主力事業は顧客の8割が頼む「看板商品・サービス」を

□看板商品・サービスは、最大の差別化になる

個人事業主にとって最も有効なPR方法は、**「□□のことなら、○○さん」**と記憶してもらうことです。大切なのは、一瞬で思い出してもらえること。私はこれを「脳内SEOの法則」と呼んでいます。

顧客の脳内で上位に表示されるためには、看板商品・サービスを持つことが最も効果的です。理想は、顧客の8割が頼むような魅力ある商品・サービスを創造することです。

看板商品・サービスが機能しはじめると、やがて口コミで紹介が増えるようになってきます。私の場合、ある時期から「出版するなら天田さん」と周囲から認識されるようになり、ほとんど宣伝らしいことをせずに数多くのお客様をご紹介いただきました。おかげで、これ

看板商品・サービスを持つ7つの効能

1	「□□のことなら、○○さん」と覚えてもらえる
2	「一品集中」によって、利益率が高くなる
3	商品やサービスが「名刺代わり」になる
4	同業他者（社）と「差別化」できる
5	過度な「値引き要求」がなくなる
6	初対面から「リスペクトの眼差し」が得られる
7	契約までの「検討期間」が短くなる

まで200人以上の出版をサポートし、80人ほどの出版を実現してきました。看板商品・サービスは、あなたの名刺代わりとなるといえるでしょう。

□過度な値引き要求も激減する

このように、**看板商品・サービスを持つことは、最大の差別化戦略だと実感しています。**

ほかにも看板商品・サービスは様々なメリットをもたらしてくれます。たとえば、口コミが広がるほど、相対的にあなたの魅力も高まっていき、価格の主導権も握りやすくなり、ブランド力も高まります。紹介されて来た顧客はあなたのことを「○○が得意で実績がある人」という認識がすでにあるため、過度な値引き要求もなく、すんなりと成約に至るケースが大半です。

Tips No.

Check

046

手間暇かけても「惜しくない仕事」が本業になる

□ 他者から見て「面倒」で「やりたくない」が仕事になる

自分にとっては何でもない簡単なことが、他者から見ると「すごい！」と思われることがあります。看板商品においても、この視点は重要です。

あなたにとって「好き」で「得意なこと」が、他者から見て「面倒でやりたくないこと」であればなおさらです。それが主力事業（本業）の第一候補になります。もちろん仕事ですから、そこには顧客のニーズがあることが前提です。

あなたが「好き」で「得意」で他社が「面倒でやりたがらないこと」を軸に事業を選択することは、大きな参入障壁になりえます。いくらあなたが大きな成果を出しても、他社は面倒で「よし、やってみよう！」という気にならないからです。これは無用な競争を避けると

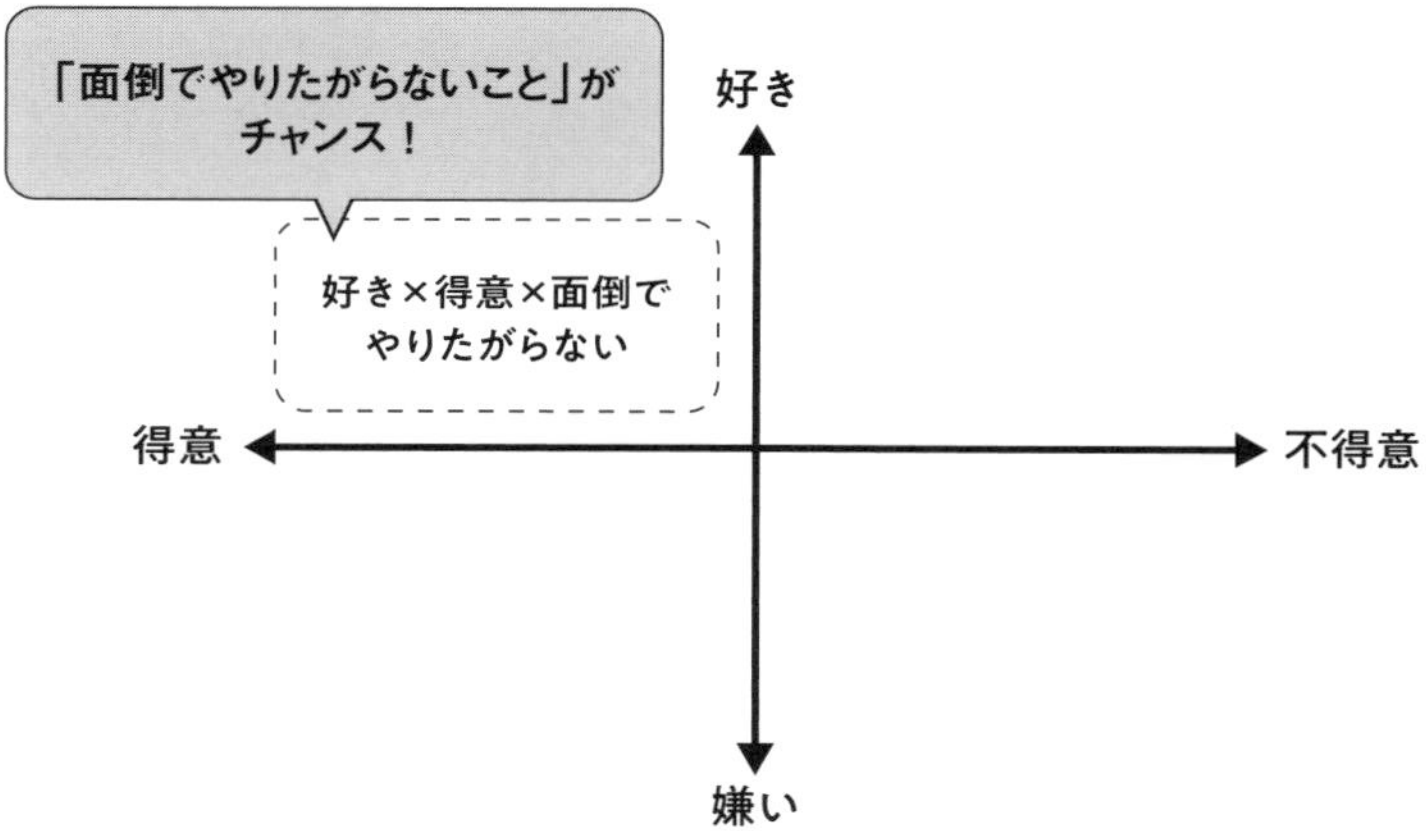

いう観点からも重要です。

□庭の「草むしり」で全国展開した人も

「面倒」という点でいえば、庭の「草むしり」で独立した人がいます。草むしりといえば、誰もができるけれど、面倒でできればやりたくない作業の代表格です。創設した宮本成人《しげと》さんは「草むしりマイスター」という資格を設け、全国に加盟店を募集する立場にいます。

すでに個人事業主として活動している人も、この視点や考え方を今の仕事に取り入れてみてください。はじめは「手間がかかって割に合わない」など、様々なことを感じるかもしれません。しかし、そこに1人でも支持してくれる顧客がいれば、あなたの強みを正当に評価してくれる「ファン予備軍」です。

Tips No.

Check

047

「付加価値」がなければ儲かる仕組みはつくれない

□ 機能や料金での差別化は難しい

「継続して儲かる仕組み」をつくるポイントを「顧客の立場」から考えてみましょう。**あなたは日頃、どのような状態のときに定期的な支払いの契約をしていますか？** そして、**契約の決め手となる具体的な要素は何でしょうか？** 料金、機能、アフターケアを含む各種サービス……。そこにあなたの事業が継続するかどうかの様々なヒントが潜んでいます。

料金で他者と大きな差をつけることは困難です。利益度外視で赤字の覚悟があれば別ですが、好んで格安な料金を選択する人はいないでしょう。

機能面も同じです。卓越した能力や技術があれば大きな魅力になりますが、そこまで突き抜けていればすでに仕事の依頼は山ほどあるはずです。

□付加価値とは「自社の強み」にほかならない

そこで、注目してほしいのが、あなたの「付加価値」です。

たとえば、あなたがとても面倒見のよい性格だとしましょう。それも立派な付加価値です。たとえ、他者と同じ料金、同じ提供レベルであったとしても、「面倒見がよい」という要素が**「選ばれる理由」**になるからです。圧倒的な付加価値は、他者（ライバル）のやる気を奪うという副次的な効果ももたらします。

付加価値を言語化するポイントは、「なぜ、私が今、あなたから購入しなければならないのか」という顧客の「問い」に答えることです。

私が参加している勉強会の仲間に、圧倒的な付加価値でファンを獲得している人がいます。オーダーメードの電動車いす専門店「車いす工房 輪《りん》」の浅見一志さんです。一般的に電動車いすの製作は高度な技術が求められますが、浅見さんいわく「この仕事は技術以上にお客さんの要望を聞き出すコミュニケーション能力が大事」とのこと。1回のヒアリングに10時間かけたこともあるという浅見さんの工房は、新規の製作依頼が絶えません。

付加価値を根底で支えるものが「強み」です。「強み」が利益の源泉であることは以前お伝えした通りです。そして**「強み」は、他者との違いが明確になる「付加価値」となることによって「選ばれる理由」にまで昇華されるのです。**

Tips No.

Check

048

商品設計は「提供価値」に重きを置く

□顧客は商品ではなく「提供価値」を受け取る

「モノより思い出」というのは、日産自動車のCMの名コピーですが、これは個人事業主においてもいえることです。いくらよい商品やサービスを提供したところで、記憶に残るような「価値」がなければ、次の仕事につながることは少ないからです。

では、どのようにして記憶に残る価値を生み出すのか。大切なのは、商品を設計するなかで**「提供価値」を言語化すること**です。「提供価値」とは、「強み」にもとづいた独自の付加価値です。このプロセスを飛ばしてしまうと、「誰のための、どんなサービス、商品なのか」がブレてしまい、顧客にも伝わりづらい商品になってしまいます。

滋賀県大津市でトイプードル専門のブリーダーを運営する「京都ラッキーファミリー」は、

事例　**京都ラッキーファミリーの提供価値**

- **心理的価値　24hいつでも無料電話相談の安心感**
- **機能的価値　トイプードル初心者に一番やさしい**
- **経済的価値　ペットショップを介さない割安感**

「トイプードルをはじめて飼う人に一番やさしいブリーダー」というコンセプトを掲げ、熱狂的ともいえるほどの「ファン」によって支えられています（上の図参照）。

□3種の「提供価値」を設計しよう

同店は子犬の購入者に対し、様々なサービスを提供しています。代表的なのが「24時間無料電話相談」です。これは飼育初心者に対し「絶対的な安心感」**（心理的価値）**になります。次に、どんな質問も気兼ねなくできる「やさしさ」が**機能的価値**。そして、ペットショップのような流通業者を排除したことで「割安感」という**経済的価値**も提供しています。

あなたの商品は「心理的価値」「機能的価値」「経済的価値」を言語化できますか？

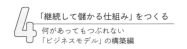

Tips No.

Check

049

感性が問われる時代は「心理的価値」を重視する

□目に見えない「心理的価値」で差別化する

3種類の提供価値において「どれが最も重要か？」と問われたら、迷わず「心理的価値」と答えます。「機能的価値」「経済的価値」は模倣（マネ）がしやすいですが、目に見えない「心理的価値」を模倣することは難しいからです。だからこそ、**「心理的価値」の本質を理解し言語化できれば、あなたの魅力は自然と高まり、「選ばれる存在」に近づきます。**

周囲を見渡してみると、「心理的価値」で顧客の心をがっちりつかんでいる事業者は意外と多いものです。たとえば、めちゃくちゃ料理が美味しいわけでもサービスが一流なわけでもないのに、ふと足を向けたくなってしまうお店があなたにもきっとあるはずです。あのお店の顧客を引きつける源泉のような価値は何なのか？　日頃から「心理的価値」を特定すべ

代表的な心理的価値

心地よい	人は無意識のうちに「心地よさ」を求めて移動する習性がある
面倒見がよい	売って終わりではなくアフターフォローを充実させると価値になる
わかってくれる	心理的欲求を察知し相互理解が深まると、感謝が生まれる
楽しい	いつの時代も楽しいところに人は集まり、口コミは広がる
勇気・自信	「勇気や自信を与える存在」になれたら顧客はあなたのファンになる
安心感	心が休まる、警戒心を解くことができる場所や関係は圧倒的な価値
品質（満足感）	品質＝満足感。顧客は機能ではなく満足を買う
ストーリー	商品やサービスの背景にある「物語性」を共有すると共感が生まれる
ワクワク感	「参加すると何かいいことがありそう」は最強の武器になる

くトレーニングをしてみてください。

□「わかってくれる」は最上位の価値になる

上の図で紹介している「心理的価値」はごく一例ですが、変化の激しい時代において重要な役割を果たす価値が「わかってくれる」です。**顧客は、「自分の気持ちを理解してくれる、汲みとってくれる相手から買いたい」という根源的な欲求があります。**

「わかってくれる」は、デパートの外商が象徴的なように、これまで一部の富裕層向けのサービスで重きを置かれていましたが、これから独立する個人事業主にとっても無視できません。それは、「仕事のしやすさ」や「発注主のコンプライアンス遵守」という付加価値にもつながるからです。

Tips No.

Check

050

「フロント商品」と「バックエンド商品」を設計する

□バックエンド商品＝本当に売りたい商品

飲食店のドリンク類が格安になる「ハッピーアワー」を利用したことはありますか？　ハッピーアワーは店が混み合う前の時間帯に設定されることが多く、早い時間からお酒を飲みたい人やお得なサービスを好む人を対象とした、古くから親しまれるサービスです。

じつはこれ、飲食店にとってはとても効率的で合理的なサービスなのです。たとえ格安でドリンク類を提供したとしても、店が混み合う前ですから少しでも売上になりますし、顧客に気に入ってもらえたら再来店（リピート）してもらえる可能性が高まります。一般的に、このような考え方にもとづいた商品を「フロント商品」または「補助商品」といいます。

一方、本当に売りたい商品のことを「バックエンド商品」または「主力商品」といいます。

バックエンド商品を売るためのフロント商品戦略

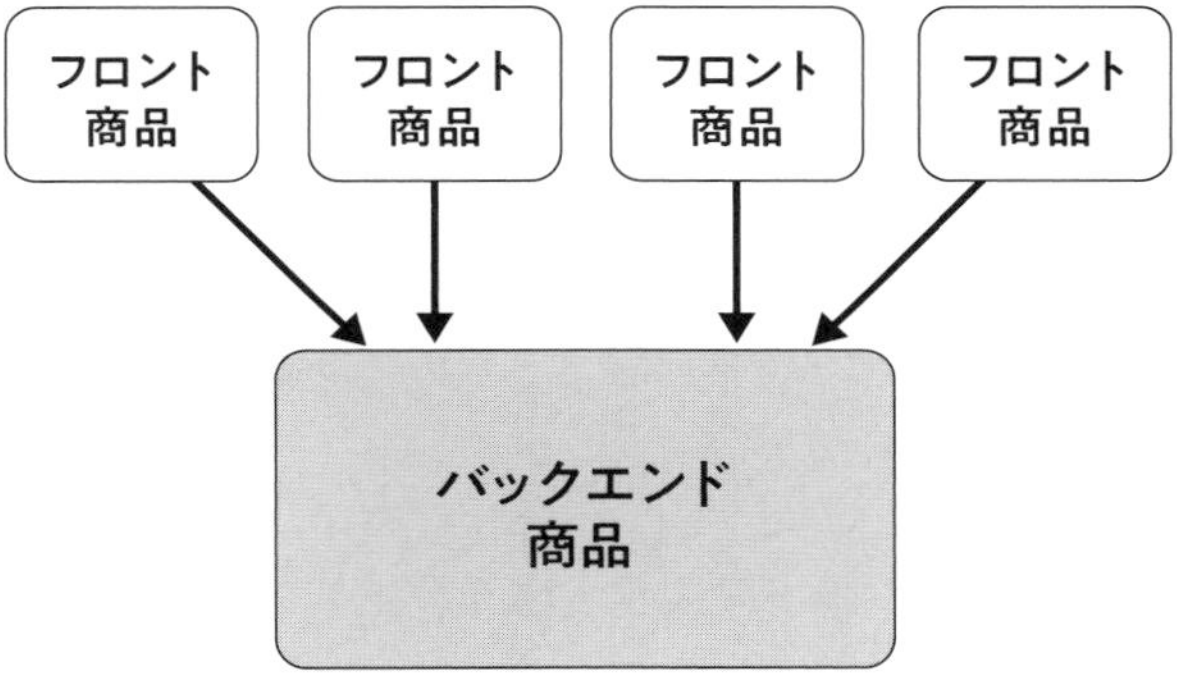

「バックエンド商品」を売るための「フロント商品」をいかに設計するかがポイントです。

□「フロント商品」はきっかけづくり

「ハッピーアワー」は顧客が入店する「動機づけ」になるように、フロント商品の設計は「顧客とのきっかけづくり」と定義できます。ただし、万人向けである必要はなく、あなたがお付き合いしたい顧客層だけに響くよう設計することが理想です。

私の場合、書籍やセミナーがフロント商品です。ありがたいことに、自著『ドラッカー理論で成功する「ひとり起業」の強化書』の読者からお問い合わせをいただき、そこからバックエンド商品である経営塾やコンサルティングなどに発展するケースが増えています。

Tips No.

Check

051

「本業以外の収益源」を2本つくろう

□一本足ビジネスは、風が吹けば倒れてしまう

独立後は複数の収益源を持つことが、何があってもつぶれないためのリスクヘッジとなります。本業だけの「一本足ビジネス」頼みでは、不測の事態に対応することが難しいからです。私の経験上、「主力事業」の賞味期限はよくて10年程度。したがって、前述した「三本柱経営」を意識すべく、**「数年後の主力事業は何か」**を見据えて日頃から活動していくことが求められます。

□収益源の中身は問わない、周囲に公表する必要もない

独立した頃の私は、「不労所得」という言葉が金の亡者のようなイメージがあり大嫌いで

した。とくに不動産投資を行う人を毛嫌いしていたように記憶しています。しかし、不動産投資について知れば知るほど、自分の理解の甘さを痛感させられます。不動産投資家は、事業の安定性と確実性から不動産投資を選んでいることがわかったからです。

以来、収益をもたらすものであれば、「(倫理観にはもとづきますが) 基本的に中身は問わない」というスタンスでいます。**収益源の選び方で大切なのは、顧客のニーズが確実にあること、そして他者よりも優れたスキルがあるなど、何らかの優位性を持っていることです。**

知人の紹介で、私は数年前からとある会員制クラブの顧客サポートの仕事をはじめました。この仕事は、自分が獲得した顧客が支払う会費の一部がコミッションとして得られる契約です。最初は微々たるものですが、顧客の退会がない限り毎月一定額が支払われるストック性の高さに魅力を感じています。

収益源をつくるコツは、あえて「仕事」に限定しないこと。たとえば、シェアリングエコノミーとして庭の軒先やマイカーを他人に貸し出すことで一定の収益を生み出すことが可能な時代です。利用者は専門のサービスに登録すれば、マッチングできます。優れたスキルがあれば動画を作成して販売することも可能ですし、不要になった日用品を定期的に販売して稼ぐ人もいます。何か特技があれば、それを教えることも収益につながります。このように、日頃から「稼ぐ」ことに対し、貪欲になることが大切です。

Tips No.

Check

052

将来の「主力事業」になる「未来事業」を育てる

□「未来事業」にはある日突然、追い風が吹く

何があってもつぶれないための三本柱経営の3本目は「未来事業」でしたね。この「未来事業」は、将来の主力候補になる事業を指します。時代や顧客のニーズが刻々と変化するように、「主力事業」はその変化に合わせていく必要があります。そして、「主力事業」の機能や顧客への貢献度が役割を終えそうだと判断したとき、「未来事業」が次の「主力事業」となるように準備をしておくことが大切です。

「未来事業」は「収益事業」と異なり、すぐに効果を実感できないのでくじけそうになることもあるかもしれません。しかし、コツコツと準備をしていると、ある日突然、追い風が吹くことがあります。よくあるのが、地道に行っていた「未来事業」がテレビをはじめとするメディ

事例 **運転代行会社が児童発達支援事業に進出**
「スバル代行」松本誠二さん

主力事業	収益事業	未来事業
運転代行会社の二代目。コロナによって運転代行業の需要が激減	軌道に乗りつつあった観光バス事業もコロナで失速……	未就学児の発達支援療育施設を運営するNPOを立ち上げる

チェリーズ

アで紹介されたことがきっかけで、「主力事業」に昇格するケースです。農産物の生産者と消費者とをつなぐアプリを開発したベンチャー企業は、コロナ特需もあって取材が急増し、1年で顧客が数十倍になったと報じられています。

□未来事業が窮地を救う

鳥取県米子市で運転代行会社を経営する松本誠二さんは、「未来事業」に助けられた1人です。コロナによって主力事業の運転代行業の需要が激減し、軌道に乗りつつあったインバウンド向けの観光バス事業も大打撃。窮地を救ったのが、「未来事業」として準備していた未就学児の発達支援療育施設の運営です。事業領域が珍しいことから、他県へのFC展開も含めて引き合いがきているそうです。

Tips No.

Check

053

個人事業における「出口戦略」の考え方

出口の前に「いつ参入するか」が大事

どんな事業にもライフサイクルがあります。製品ライフサイクル理論では、**「導入期」「成長期」「成熟期」「衰退期」**という4つの時期があるとされています。この4つの「時期」を見誤ってしまうと、思わぬ失敗が待ち受けています。

中でも、成熟期はライバルが多く存在することで知られています。記憶に新しいのが一大ブームとなったタピオカドリンクです。東京・JR原宿駅近辺に一時は20店舗くらいあった店も、ピークをすぎるとどんどん閉店し、既存店も苦しい経営が続いています。参入した多くの店が成熟期に開業したとすれば、閉店した大半の店は「こんなはずではなかった……」が本音かもしれません。

成熟期は顧客の獲得競争が激しく、また結局は価格競争に陥りがちです。衰退期に至っては、「残存者利益」と呼ばれる最後までやりきる覚悟があれば別ですが、新規参入者にとってほとんどうまみはなく、これは個人事業主にとっても同様です。たとえば、個人事業主というケースも少なくない税理士は、クラウド会計がシェアを伸ばす時代に、記帳代行に近い仕事は成熟期から衰退期を迎えたといえるでしょう。

□成熟期に入る前に自ら手を引くのも出口戦略

そこで、個人事業主にとってもチャンスといえるのが、導入期、成長期の事業参入です。まだ、その事業の実力や可能性が一部しか知られていない状況で参入するのは比較的容易ですし、ライバルも少ないため、目立ちやすいのもメリットの1つです。

たとえば、私の知人にアップルが発売するiPadの法人への導入支援を行っていた人がいました。すばらしい「先見の明」だと思うのですが、その方はiPadの法人需要を見越して、発売直後から数百台、ときには数千台の導入支援を行っていました。その後、多くの企業がタブレット端末を導入することになり、その方はすぐに手を引いたのですが、早い段階で参入できたことからかなりの利益を上げることができたと教えてくれました。

このように、個人事業主であっても「出口」を見据えて参入することが大切です。

Tips No.

Check

054

「主要な取引先」は3社以上を目標にする

□会社員は簡単にクビにならないが、独立後は一瞬

1章で独立前に在籍した会社と業務委託契約することを推奨しましたが、もしも契約が実現すれば、あなたにとって大事な「主要な取引先」になります。

個人事業主にとって、この**主要な取引先をいかに増やすか**が成否のカギとなります。主要な取引先が1社しかないというのは健全な状態ではありません。もしもこの1社から契約を打ち切られてしまったら、すぐさま路頭に迷うことになってしまうからです。

じつは私は独立直後、4年近く1社専属の状態で仕事をしていました。ありがたいことに仕事量は有り余るほどいただきましたが、それゆえに新たな取引先の開拓を怠ってしまったのです。継続的な仕事があるという、ストック性の高さに甘えていました。

救いは、パタッとなくなったのではなく、少しずつ減っていったことです。具体的には、そのとき関わっていた雑誌の刊行体制が月刊から隔月刊（年6回）に、その後数年かけて季刊（年4回）へと変更になったおかげで、コーチングやドラッカー理論、経営の勉強に着手でき、商業出版コンサルティングといった新たな領域に進出することにつながりました。

□1社専属の状態は、精神的に追い詰められる

1社専属の状態は、その会社（取引先）の経営状況に大きく左右されるため、いかに危うくて、精神衛生上も問題があるか、おわかりいただけたと思います。

そこで、日頃私が個人事業主の方に推奨しているのは、**最低でも3社の主要取引先を持つこと**です。たとえ1社から取引を打ち切られたとしても、大きなダメージを負わないことが重要です。

さらに、主要な取引先が3社くらいになってくると、あなたの仕事ぶりが評価されて各所から引き合いがくるようにもなります。既存顧客からの紹介も急増します。取引先の「別の部署からのオファー」もよく聞く話です。私の先輩のコンサルタントは、社長にプレゼンすることの重要性を教えてくれました。社長と直接話ができると「横展開」がしやすく、それが別の部署への紹介となり、新たな案件獲得につながるからです。

Check

第5章

「営業せずに仕事が集まる仕組み」をつくる

仕事を呼び込み、回し続ける「セールス」と「マーケティング」編

Tips No.

Check

055

「プル型営業」の仕組みをつくる

□個人事業主にとって「プッシュ型営業」は限界がある

基本的に自分ひとりで事業を行う個人事業主にとって、大きな悩みの1つに「営業をどうするか問題」があります。一般的に営業スタイルは、「売り込む（プッシュ型）スタイル」と「問い合わせを待つ（プル型）スタイル」に大別されます。人的資源が限られている個人事業主にとって、「プッシュ型の営業スタイル」は効率的ではありません。**可能な限り「プル型の営業スタイル」で完結するのが理想的です。**

インターネットによって、個人事業主の営業スタイルは大きく変化しました。フォロワーが一定数いることが条件ですが、いまやSNSだけで仕事を獲得してしまう人さえいます。話すのが得意であれば動画が効果的ですし、文章が得意であればSNSやメルマガ（メール

問い合わせが集まる仕組みを構築しよう

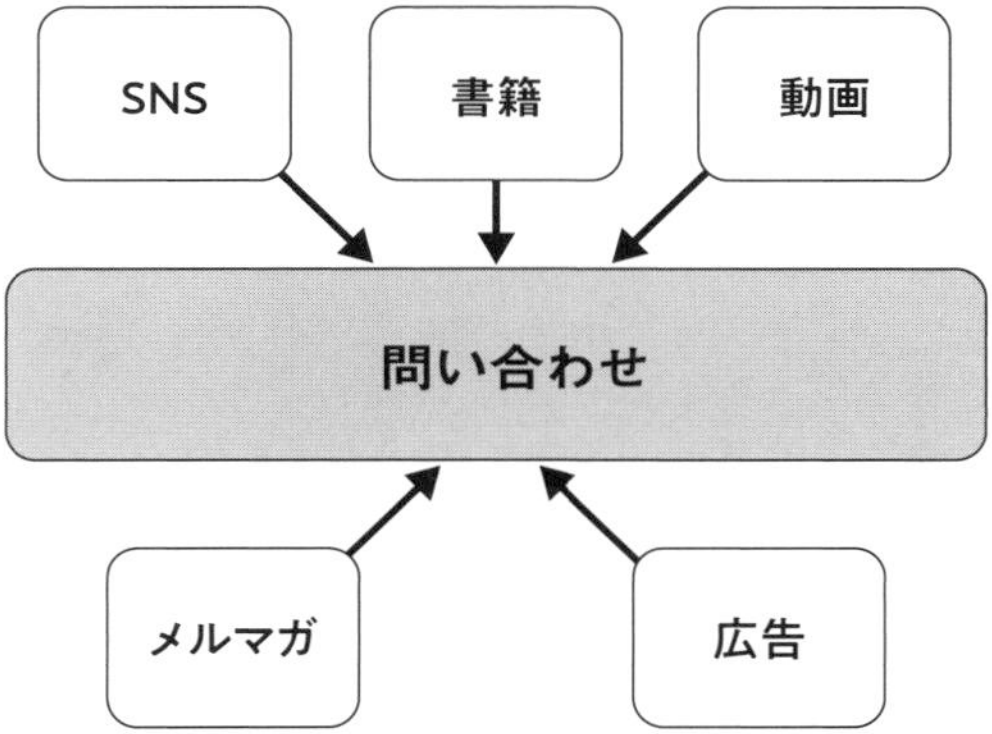

マガジン）、書籍という手段もあります。

□問い合わせが集まる仕組みを構築しよう

「プル型営業」を実現すべく、様々な媒体からあなたのWebサイトに問い合わせが集まる仕組みを構築することが大切です。

私の場合は、プッシュ型の営業をせずにSNSを中心とした人脈からのご紹介と書籍からの問い合わせで大きく成り立っています。

法人専門の経営コンサルタントの先輩は、毎月25万円もの予算をかけてネット広告に出稿していると教えてくれました。それでも指名に近いかたちの問い合わせがくれば、商談に持ち込むのが可能とのこと。問い合わせだけで毎月10件以上はあるそうなので、今のところネット広告の効果には満足しているそうです。

Tips No.

Check

056

事業内容を「コンセプト」に落とし込む

□コンセプトは、一瞬で「それいいね」と伝わるもの

「プル型営業」をあと押しする最適な方法があります。あなたの事業内容を「コンセプト」に落とし込むのです。**「コンセプト」とは、事業の特徴をひと言で表現したものです。**この機会に、「誰に、何を、どのように」提供する仕事なのかをシンプルにまとめてみましょう。

「優れたコンセプト」かどうかの判断基準はいたって簡単です。「コンセプト」を伝えた相手が「それいいね！」と自然に共感してくれるかどうかにかかっています。

私が運営する経営塾「藤屋式ニッチ戦略塾（銀座）」のコンセプトは、「挑戦する経営者のベースキャンプ」です。エベレストのような高所登山にはベースキャンプが必須なように、毎月1回「挑戦する経営者」が集まり、知識を深め仲間と交流し、再び現場に戻って実践す

事例 **日本有数のオンライントレーニングサロン「Body Quest」**

▼コンセプト▼
理想のカラダを手に入れると、ココロも変わる
「本当の自分らしさを見つける」ことがボディデザインプログラムの本質です

- **提供価値**　**3か月で理想のボディライン**
- **コスト**　**28000円からのパッケージ仕様**
- **顧客の声**　**「筋トレで人生が変わった！」**
- **利便性**　**自宅でできる「部屋トレ」は便利！**

る。塾生には、その繰り返しが成果を担保することを約束しています。

□「新規性」と「共感性」のバランスが大事

コンセプトを構成する要素は「新規性」と「共感性」です。新規性はありすぎても、なさすぎても目に止めてもらえません。**共感性は「目のつけどころがすばらしい」「そういうサービスを待っていた！」といわれるものです。**

オンラインフィットネスの草がけ「ボディクエスト」を運営する森俊憲さんが考案したコンセプトは「理想のカラダを手に入れると、ココロも変わる」です。この1行には「筋トレで人生が変わった！」という「顧客の声」が反映されています。この「顧客の声」をベースにしてコンセプトを導くのが最善の方法です。

Tips No.

Check

057

「ファン」になってくれそうな人をイメージする

□個人事業主にも「ファンベース」は有効

近年、企業と顧客の関係性が変わってきているように感じます。企業側は商品やサービスだけでなく価値そのものを支持してくれる「ファン」を大切にする意識が低かったことを反省し、ここ数年で目覚ましいほどの「ファンづくり」に取り組んでいます。中でも、地域密着型のプロスポーツの世界では、「ファンとクラブの関係性が良好なところほど成績も業績も上がる」と評判になるほどです。

この考え方を「ファンベース」と表現しているのが、コミュニケーション・ディレクターの佐藤尚之さんです。ベストセラーになった著書『ファンベース』では、キャンペーンのような短期的施策を一時的なブームで終わらせず、ファンと正面から向き合い中長期的に発展していくことの重要性を説いたところ、大きな反響がありました。

□たった1人のファンが顧客を連れてくる

この「ファンを大切にし、ともに発展していく」という考え方は、個人事業主にとっても重要です。仕事をするうえで、ファンがいるかいないかで大きな差となるからです。**既存顧客との継続的な取引を可能にする最大の要因が「顧客のファン化」なのです。**顧客が熱心なファンになってくれると、熱心なファンは「仲間」を連れて来てくれるのです。つまり、ご新規様の紹介です。これまで私もたくさんの顧客のご紹介を受けてきましたが、圧倒的に多いのが既存顧客からのご紹介なのです。

ファンとは、芸能人のような特定の人だけが得られるのではありません。どんな人であってもファンをつくることは可能です。事実、私にもファンと呼べる顧客がいます。あるとき、私の経営塾に通う塾生がこんなことを教えてくれました。「天田さんの情報をチョイスする能力はとても魅力的です。とりわけSNSでシェアする情報はとても新鮮で、どれも面白いからつい見ちゃいます」。照れながらも、見てくれる人は見ているというのは、うれしいものです。

まずは、どんな人がファンになってくれそうかをイメージしてみましょう。

Tips No. **058** Check

最もお付き合いしたい「理想の顧客像」を描く

□「望む価格」で買ってくれるのはどんな人か？

ファンになってくれそうな人をイメージする際に役立つ「7つの視点」を紹介します（次ページの図参照）。7つすべてを満たす必要はなく、自分が得意なものをいくつか選ぶかたちでかまいません。**独立当初は、「利便性・操作性」といった機能的な価値を評価してもらえることが重要です。**その後、「期待感」「安心感」「親切度」といったものが徐々に浸透していくと、顧客との関係はより良好なものになり、そこからあなたのファンが生まれます。これがファンづくりにおける「王道ルート」の1つです。

次に取り組んでほしいのが**「理想の顧客像」を具体的に描くこと**です。理想の顧客像とは、「望む価格」で買ってくれる人のことです。あなたも顧客もストレスなく、中長期的に付き合え

顧客をファン化する７つの視点

世界観	事業目的の先にある理想の未来像が共感を生み出す
期待感	顧客の期待値を常に意識し、ときに意図的に調整する
利便性・操作性	買いやすさやスピード感ある対応は好意につながる
安心感	「私のこと、わかってくれる」は最上位の安心感
親切度	前向きに受け止める姿勢や寛大さがロイヤリティを高める
ワクワク感	「いいことありそう」は行動を促す最強の武器になる
ストーリー	背景にある「物語性」を共有すると共感が生まれる

る関係になること。それが理想の顧客像を描くうえで最も大切なことです。

□顧客の「スペック情報」に惑わされない

理想の顧客像を描くためには、７つの視点に加えて、**顧客の「不満」「価値観」「決定理由」を洗い出します。**

「不満」は、現状の困りごとや抱えている悩みについてです。「価値観」は、何によって自己実現したいのか、何を大切にしているのかを言語化することです。そして、最後の「決定理由」は、何かを購入、契約するときの決め手となるものです。

価格なのか相手の人柄なのか、機能なのか、それは顧客によって異なるため、スペック的な情報だけ切り取って安易に決めつけないことです。

Tips No.

059

Check

オンでもオフでも「人が集まる仕組み」をつくる

□手はじめは「人が集まる場所」に参加してみる

独立後、いきなりメールボックスに見ず知らずの方から仕事の依頼が届くことはほとんどなく、過去に出会った人から直接依頼されるケースが圧倒的に多いものです。地域社会や共同体の「人の集まる場所」や「人と人とが出会う場所」のことを「コミュニティ」といいますが、独立後はこのコミュニティがとても重要な役割を果たします。

個人事業主にとってコミュニティは、自らの経済圏を決めるといっても過言ではありません。どんなコミュニティに属するかということと、そこから自分が「どのようなコミュニティをつくるか」がさらに重要になってきます。

コミュニティの選び方のポイントは、集まる人が活気的で継続的に参加してもストレスを感じないことです。単発の交流会は名刺交換や自社のＰＲが目的の参加者が大半なので、定期的に参加できる継続型のコミュニティに参加するとよいでしょう。そこで少しずつ「居心地のよさ」や「安心感」を感じることができたら理想的です。

□人が集まっている「理由」は何か？

次に、そのコミュニティに「人が集まる理由」や「提供価値」を考えてみましょう。それらが言語化できたとき、あなた自身のコミュニティをつくる時期がやってきます。

コミュニティをつくるうえで大切なことが３つあります。「目的」「対象者」、そして「活動ポリシー」です。 何のために運営するのか、誰のためのコミュニティなのか、そして集まる人たちに対しどのような関わり方をするのか。そういったことをきちんと明文化しておくと、新たな挑戦をするときやトラブルが起きたときなどに役立ちます。

リアルで集まることが難しい場合は、定例のオンライン交流会をベースにしてもよいでしょう。私が参加している個人事業主や独立事業者を対象にしたＮＰＯの「インディペンデント・コントラクター協会」では、オンライン限定でテーマごとに研究会制度を設けています。仕事に役立つ情報から将来に向けた資産形成の情報収集まで、カフェテリア方式で所属する研究会を選べるようにしたところ、以前よりも参加比率が上がりました。

Tips No.

Check

060

「情報発信の仕組み」をつくろう

□情報発信ツールは顧客ごとに選ぼう

「情報発信が大事」という話をすると、「どのツールを使えばよいでしょうか？」と必ず聞かれます。正解は**「情報発信のツールは顧客の属性によって異なる」**です。高齢者を相手にする事業でインスタグラムが効果的でないことは明確です。書籍の販売促進において最も有効とされる情報発信手段は、新聞広告です。しかし、いざ自分が情報発信するとなると、自分が好きなツール優先で考えてしまう人は意外と多いので注意しましょう。

情報発信で大切なことは「仕組み化」です。**単発で気まぐれな情報発信はほとんど意味がありません。**「なぜ、情報発信をするのか？」「誰に、何を、どのように伝えるのか？」をはじめ、様々な問いと向き合いながら、情報発信のための設計図を描きましょう。

情報発信を成功させる3つのルール

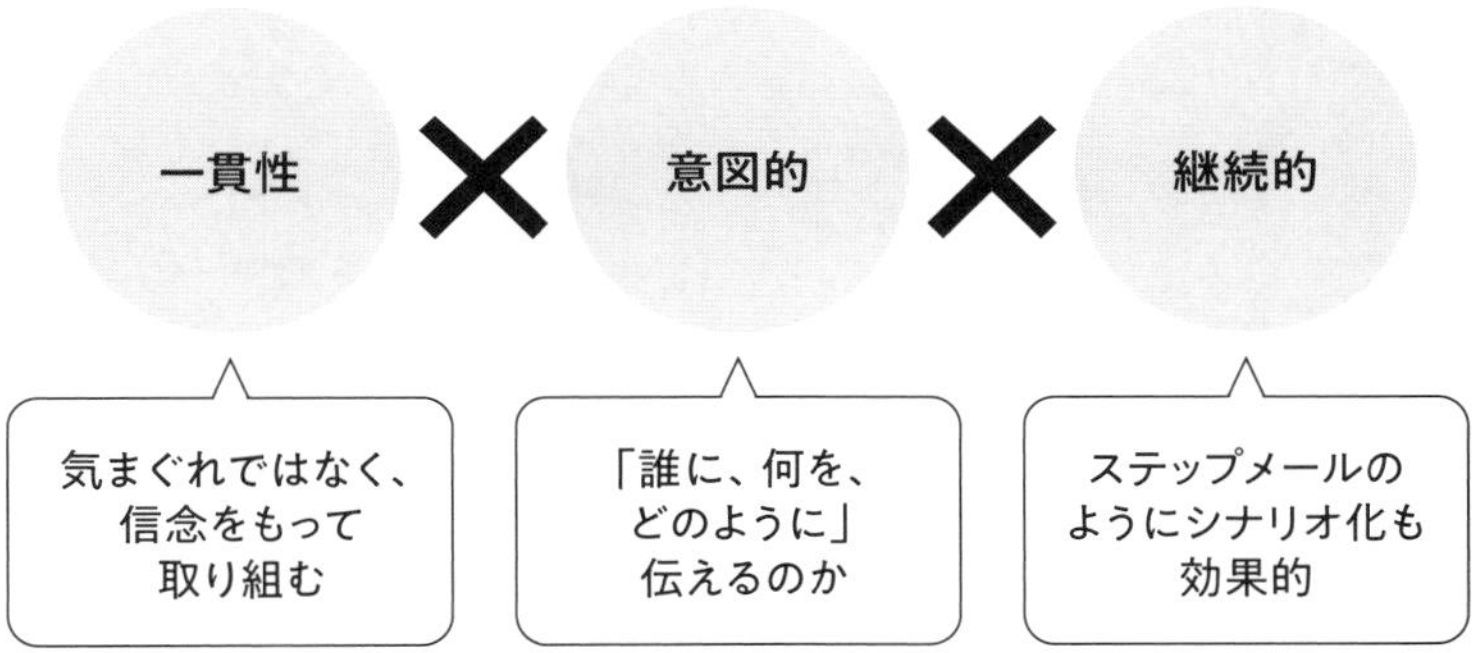
一貫性
意図的
継続的
気まぐれではなく、信念をもって取り組む
「誰に、何を、どのように」伝えるのか
ステップメールのようにシナリオ化も効果的

□成功の秘訣は「一貫性、意図的、継続的」

情報発信を成功させるには3つのルールがあります（上の図参照）。一貫性があること、意図的であること、継続的であることです。この3つはどれか1つが欠けると成果につながりません。

ただし、私は長年、起業家向けの情報を扱う仕事をしていましたが、自分自身の情報発信についてははっきりいってあまり得意ではありません。情報発信において最も重要ともいえる「継続性」に自信がないからです。これまで何度もトライしてきましたが、恥ずかしいことに一度も継続したためしがありません。そのため、独立して間もない頃は、情報発信が得意で営業力のある人と連携していた時期もあります。餅は餅屋にした結果、自分のやるべきことに専念でき、効率よく稼ぐことができています。

Tips No.

061

Check

メルマガは売り込みではなく「存在証明」

□かつてメルマガは「販売手段」の王様だった

インターネットが一般的に利用されるようになってから20年以上が経過しました。その間、様々なサービスが生まれては消えていきましたが、いまも変わらず使われ続けているツールがあります。それはメールです。中でもメルマガは、個人事業主にとっても身近な情報発信のツールとして長く利用されています。メルマガは、私信のような雰囲気を少なからずまといながら読者との関係構築していくことを通して購入や契約の決断へとつながる情報発信のツールです。あなたも購読しているメルマガがきっかけで、紹介されていた商品やサービスを購入したり、契約したりした経験は一度や二度ではないはずです。

しかし近年、ＳＮＳの台頭や迷惑メール防止の観点から、メルマガの実効性に疑問を持つ人が増えています。個人事業主として活動するあなたも、きっと「メルマガなんて出す意味あるの？」と感じているかもしれません。

□時代は変わり、メルマガは忘れられないための関係維持ツールに

ここ数年で、メルマガの役割は変わりつつあります。定期購読しているメルマガを開封してみると、情報の中身が「売り込み」を目的としたものから、発信側の「存在証明」へと変わりつつあります。とくに、**必ず開封してしまうようなメルマガは、読者との関係維持のネタが9割、売り込みは1割くらいのバランスです。**

そのような点で「これはうまいなあ」と思うメルマガを1つ紹介します。日本唐揚協会の会長であり、様々な事業を展開している、やすひさてっぺいさんのメルマガです。彼のメルマガを発行する頻度は毎月2本程度。というのも、発行のタイミングが日本に古くから利用されている暦《こよみ》「二十四節気」に紐づいているのです。「きょうは大暑《たいしょ》です」なんて書き出しとともに、その意味や由来が学べるだけでなく、やすひささんがこの数週間どんなことをしてすごしてきたのかがわかるような内容になっています。中身はいたって普通なのですが、じつはこれが秀逸な「存在証明」でもあるのです。月2本程度というのは、発行側も読者側も大きな負担がないのも継続しやすいポイントです。

Tips No.

062 動画配信からは「逃げられない」と心得る

Check

□コンテンツはテキストから動画の時代

いまや私たちの生活にYouTubeをはじめとする「動画」は欠かせないものとなりました。そして、それは個人事業主においても同様で、これからの時代は動画配信をするかしないかというより、「逃げられない」と考えたほうが得策です。動画配信のための準備と行動ができるかどうかが事業の成否の分かれ目になるとさえ感じています。

実際に、動画配信を行っている個人事業主は急増しています。**動画配信はプル型営業との相性もよく、「動画配信→問い合わせ」という集客の仕組みをつくりやすいことからも無視できないマーケティングツールになっています。**

中でも、ＩＴ分野の最新事情などを網羅する「テック系」、ＰＣやスマホ、カメラなどの最新機種を紹介する「ガジェット系」と呼ばれる分野は動画配信と相性がよいことで知られ、多くの個人事業主がレビュー動画などを投稿しています。また、動画撮影のテクニックや編集のプロによる動画作成を効率化させる情報の投稿も盛んです。

□ビジネス系動画はこれからますます需要増

近年注目を集めているのが、ビジネス系の動画です。社長自らがYouTuberとなって動画配信を行う会社も増えています。

東京・恵比寿でWeb集客の専門家として事業を行う高橋真樹さんは、4年ほど前から動画配信に取り組んだところ、全国の事業者から「動画による集客方法を教えてほしい」と依頼が急増。とくに下請けで事業を行う工事会社などからの切実な問い合わせが多かったそうです。さっそく指導したところ、動画配信による効果は想像以上だったそう。たとえば高橋さんに相談したエアコンや給湯器などの設備工事会社は、創業以来ずっとハウスメーカーを中心とした会社からの下請けだったのが、動画配信によってエンドユーザーからの仕事の問い合わせが増えて、その結果、下請け仕事から脱却できたそうです。

このように、**動画配信は「自らの存在を、より自由度が高く伝えるためのツール」といえるでしょう。**

Tips No.

Check

063

「有料コンテンツ」を育てる

□いつの時代も「貴重で役立つ情報」は価値になる

情報発信が軌道に乗ってきたら、「有料コンテンツ」も視野に入れてみましょう。「有料なんて自信がない……」と多くの人が思うでしょうが、いつの時代も「貴重で役に立つ情報」はきちんと対価を得られるのです。「貴重で役に立つコンテンツ」とともに強い意志と継続した行動があれば、「有料でも読みたい！」という人が必ず現れます。

そして、重要なことがもう１つ。**「いつか有料で出せたらいいな」ではなく、「いつまでに有料コンテンツをつくる！」と具体的な時期を決めること**です。

私も独立当初から「いつか本でも出せたらいいな」と思ってきましたが、思っているうちは何も起こりませんでした。「よし、やるぞ！」という決意と具体的な時期を決めてから、

「有料コンテンツ」がもたらす7つのメリット

1	「収益」が得られる
2	コンテンツが「未来事業」の1つになる
3	購読者が将来の「ファン」になる
4	「自分もできる」という自信がつく
5	その分野の専門家として「認知」が広まる
6	情報発信によってさらに「情報が集まる」
7	購読者から「仕事の依頼や相談」が増える

物事が大きく動き出しました。

□実績しだいで書籍化も可能に

実際に、私は２０１９年の正月に「今年は出版しよう！」と決意し、すぐに企画書を作成しました。３月には出版が決まり、８月に原稿を書き上げ、10月に出版することができました。もちろん、編集者をはじめとする多くの人の支えがあったことも事実ですが、期日を決めて強い意志をもって行動したことが、実現を引き寄せたのだと考えています。

私の場合、起業支援を20年以上行ってきた実績が書籍化につながりました。みなさんも10年以上かけて取り組んだ仕事や実績があれば十分に書籍化が狙えます。有料コンテンツは特別な人だけのものではないのです。

Tips No.

Check

064

相手の言い値ではなく「メニュー表」を先出しする

□「見積もり仕事」は効率がよさそうでじつは悪い

個人事業主にとって仕事が途切れないために重要なことの1つは「営業力」です。極端な話、営業力さえあれば食いっぱぐれることはまずありません。しかし、営業経験がなく独立した人にとっては深刻な問題でもあります。じつは、私もその1人でした。

そこで以前、私のように営業経験が乏しいまま独立した方にインタビューをしてみてわかったことがあります。彼らの最大の悩みは「その仕事をいくらで請けるか」を顧客に明示することでした。つまり、仕事の内容や顧客の要望を踏まえたうえでの「提案書の作成」や「値決め」が最大のハードルだったのです。

そんな悩みを一瞬で解決する方法があります。「メニュー表」をつくってしまえばよいの

事例　営業経験が乏しい人はメニュー表をつくろう
Web集客コンサルタント 高橋真樹さんのメニュー表(一部)

カテゴリ	商品名	料金	概要
Web集客	オープンセミナー	無料～5,000円	毎週（木・金）15時～
	コンサルティング	単発 10万円～／2h	当社サービスご利用の方は半額
		顧問 120万円～／8回	
	YouTubeパワーアップ塾	10,000円／月	毎月第3火曜日18:30～（初回無料）
起業・経営	高橋真樹塾	10,000円／月	毎月第4水曜日18:30～（初回無料）
高橋ワールド全部	プレミアムメンバー	13,000円／月	すべてのセミナーへ毎月通い放題！

です。**メニュー表のメリットは「価格の主導権」を握れることです。**また、顧客ごとに提案書をつくる必要もないため仕事の効率が上がります。

□売れっ子ライターは名刺裏にメニュー表

かつて、付き合いのあるライターの名刺を見て唸ったことがあります。その名刺の裏には、「書籍1冊80万円～」と記載されていたのです。とても多忙を極める方でしたので、「なるほど！」と納得した記憶があります。

以前も紹介したWeb集客の専門家・高橋真樹さんは、シンプルなメニュー表1枚で十分仕事ができると教えてくれました。メニュー表はホームページにも掲載されているので、それを見た見込み客は、まるでレストランのようにメニューから選んでくれるというのです。

Check

Tips No.

065

値決めの三指標「粗利・客数・継続率」

□【粗利】継続契約を前提に、必要な利益を算出する

「値決めは経営」といわれるように、個人事業主にとっても仕事の料金設定はとても重要です。下請け仕事の場合は発注側から料金提示されるケースが圧倒的に多いため、それほど悩むことはありませんが、自分で獲得した顧客に対してはきちんと料金提示しなくてはなりません。では、どのような考え方で「値決め」を行うのかを3つの指標で説明します。

まずは、その仕事においてどれくらいの「粗利益」が必要なのかを明確にしましょう。粗利益とは、商品やサービスの売上から原価を引いた金額のことです。「売上－売上原価＝粗利益」の式で表され、500円で仕入れたものを800円で売ると粗利益は300円です。

また、粗利益の売上に対する「率」も重要な指標になります。たとえば、粗利益率を3割と

設定しておけば、値決めはとてもシンプルなものになります。

□【客数】顧客満足を担保できる最大客数

2つ目の指標は「客数」です。個人事業主の場合、1人で対応できる客数には限界があります。したがって、顧客満足を担保できる最大客数と自分の仕事のキャパシティから客数の上限を設定しましょう。ここで顧客満足を無視した客数を設定すると、引き受けた仕事を断らざるをえなくなって顧客の離脱につながるばかりか、手が回らなくなったりしたらクレームにも発展しますので注意が必要です。私が運営する経営塾は「最大30名」と設定しています。それ以上増えた場合は別の教室をつくり、コミュニティ自体を分けることにしています。

□【継続率】最大の離脱率を設定する

3つ目の指標は「継続率」です。まずは、既存顧客のうち、どれくらいまで離脱してもダメージを受けないか許容できる最大の「離脱率」を計算しましょう。すると、残りの継続率が見えてきます。私が運営する経営塾は「塾生が2割退会したら集客に注力する」と決めています。

このように3つの指標を設定すると、事業が継続しやすい値決めができます。

Tips No.

066

Check

手応えを感じたら、積極的に「値上げ」する

□値上げは最大の差別化戦略

個人事業主の成長は、「値上げ」を抜きにして考えられません。独立初期の料金設定はある種の「お試し期間」のようなものですから、1人でも多くの顧客や予備軍と接し、あなたの実力を実感してもらうことが大切です。

しかし、**いつまでもお試し期間の料金を続けることは得策ではありません。**提供価値に見合わない価格で仕事をしていたとしたら、経済的にも精神的にも疲弊するマイナス要因でしかないからです。手応えを感じたら、積極的に値上げする「勇気」が必要です。もしも値上げして離れていく顧客がいれば、次のステージに進むサインです。あなたの提供する価値を正当に評価する「ファン」となる顧客は、価値に見合う値上げは受け入れてくれるはずです。

個人事業主にとって、値上げはブランディングにもつながり、差別化戦略にもなるのです。

□価格と客層の関係を見極めよう

かつて私は、商業出版のコンサルティングの料金を、2倍以上に引き上げた経験があります。それでも、新規の問い合わせは減るどころか増えたのです。値上げのインパクト以上に、それまで積み上げた「実績」に魅力を感じてくれる顧客が増えたからです。それまでは成果報酬制を採用していたこともあり、顧客もこちらの様子をうかがいながら「試してみるか」といったケースもありました。その後、有料化した際も、出版が難しいとわかると返金要求をする顧客がまれに存在しました。しかし、値上げを重ねていくうちに、そのような顧客は減っていきました。わかったのが、**値上げは「客層も変える力」があること**です。

値上げのステップは、大きく3段階あります。まずは、値上げする「時期」を決めます。次に、値上げする「額や率」を決めます。最後に「告知」です。新規顧客から値上げしていくのであれば、すぐにでもかまいませんが、既存顧客を対象にする場合はそれなりの猶予期間が必要です。私はかつて経営塾の受講料を1万円から2万円に値上げしたことがあり、そのときは半年前に告知しました。おかげで、塾生もじっくりと検討したうえで継続の可否を判断してくれたように感じています。その結果、8割以上の方が継続してくれました。

Tips No.

☑ Check

067

「売掛金」が未回収にならないルールをつくる

□「前払い」は最大の防御になる

会社員時代は、売掛金の回収は主に営業が、管理を経理が行っていました。しかし、独立したあなたは基本的にこれらをすべて1人で行わなくてはならないのです。

個人事業主にとって**「売掛金の回収」**は最も重要な仕事の1つです。仕事は納品して終わりではなく、代金を回収してはじめて終わるのです。細心の注意を払いつつ、売掛金が未回収にならないためのマイルールをつくりましょう。

私がおすすめしているのは、商品や相手によって「支払いサイトを意図的に設定する」ことです。とくにコーチングやコンサルティング、カウンセリングのように、「成果物が見えないもの」ほど代金回収の難易度は上がります。そうした商品の場合は思いきって「前払い」

「前払い」を設定する際の注意ポイント

1	商品メニューに前払いであることを明記する
2	成果物が見えにくい商品ほど、契約書を交わす
3	契約書では「仕事の範囲」と「成果物」を定める
4	「クレーム」に発展したときの対処法を決めておく
5	「キャンセルポリシー」を事前に決めておく
6	顧客への「心理的なサポート」を重視する
7	万が一トラブルに発展しても絶対に「逃げない」

を設定してみてください。独立初期は難しいかもしれませんが、前払いは未回収のリスクがゼロになり、何より資金繰りもラクになります。

□ネット販売と前払いの相性は抜群

思うように前払いの理解が得られない場合は、その商品やサービスをインターネットで販売してみましょう。基本的にネット通販は前払いが原則です。顧客もその点をよく理解していますので、特別な説明をすることなく前払いが可能になるのは大きなアドバンテージです。

しかし、前払いができたからといって仕事の品質が悪ければクレームになりますし、その噂は一瞬で広まります。だからこそ、自分の提供している仕事は、その対価に見合うかどうかは常に意識しましょう。

Tips No.

Check

068

他業界の成功事例を「創造的に模倣」する

□最初はＴＴＰ（徹底的にパクる）でＯＫ

会社員のように決まったレールのない個人事業主にとって、最初は「理想の先輩」をお手本にすることが近道です。とりわけ、独立初期は先輩が教えてくれたことを忠実に再現するだけで、ある程度稼げるようになるでしょう。これが独立事業者たちが口にする「ＴＴＰ（徹底的にパクる）」です。けれども、いつか違和感を抱く時期がやってきます。「もっと自分らしい働き方や稼ぎ方はないだろうか……」と。

日本には芸道の修行の段階の教えとして「守破離《しゅはり》」という言葉があります。何ごとも最初は「守」である成功事例の型の模倣から入ります。そして「守」のあとは他者やほかの流派から学ぶ「破」を経て、最後は独自の方法を確立する「離」へと移行します。

□創造的模倣は立派な「イノベーション」の手段の1つ

「守」を卒業する時期だと感じたら、「創造的模倣」に挑戦してみましょう。**「創造的模倣」とは、ひと手間加えて真似すること。**この本でお伝えしていることをはじめ、先輩たちが教えてくれた成功するための様々なセオリーに「自分ならではの考え」をアレンジするのです。この「創造的模倣」は「イノベーションを起こす方法」の1つでもあります。

とくに効果的なのが、まったく畑の違う業界の成功例をアレンジすることです。同じ業界の成功例では、「他者との違い」を生み出すことは難しいからです。

プレゼンテーションの専門家として企業研修を行う伊藤誠一郎さんは、「AO入試対策専門」コンサルタントとして活躍しています。

伊藤さんは得意のプレゼンがAO入試の論文や面接で応用できることがわかり、企業研修の経験を活かした指導をはじめたところ、効果はてきめんでした。綿密なヒアリングからシナリオを作成し、受講者である高校生が自分の「ストーリー」として自信を持って発表できるまで何度も練習に立ち会います。やがて合格実績が評判を呼び、現在では募集をかけるとすぐに枠が埋まるほどの人気商品になりました。

このように未経験の分野であっても、得意なものがあれば、ときにそれが成功要因となるのです。これもまた「創造的模倣」の一例です。

Check

第6章

戦わずに優雅に働く5つの戦略

「継続して儲かる仕組み」に参入障壁をつくる守備固め編

Tips No.

Check

069

「継続して儲かる仕組み」を守る5つの参入障壁

「攻め」だけで事業は継続できない

これまで個人事業主の「基本のキ」をはじめ、効率的、効果的に「継続して儲かる仕組み」のつくり方を中心にお伝えしてきました。ただし、ビジネスには「攻め」と「守り」があるように、攻めだけで事業を継続することは困難です。攻めと守りのバランスがとれてこそ、充実した独立人生が歩めるのです。

では、具体的に「守り」をどのように固めていくのかについて、この章ではお伝えします。

「参入障壁」という言葉を聞いたことはあるでしょうか。**参入障壁とは、あとから参入した人や企業が、先行者に比べて何らかのハードルを感じ、すぐに追いつき、追い越すことが難しい状態をつくることを指します。**とくに個人事業主のように事業規模が小さいほど、参入障

「儲かる仕組み」を守る5つの参入障壁

1	法律で権利を守る【**隔離**】戦略
2	いつの時代も有効な【**無関心**】戦略
3	コンセプトをずらす【**ジレンマ**】戦略
4	唯一無二のエピソードで差別化する【**ストーリー**】戦略
5	簡単そうで模倣ができない【**コミュニティ**】戦略

壁の設定は重要になります。

□5つの参入障壁の型

ここでは5つの参入障壁の型を紹介します。

1つ目は、商標や特許などの法律で権利を守る**「隔離」戦略**。この戦略は古くからよく知られ、儲かる仕組みを守る王道的な存在です。2つ目の**「無関心」戦略**は、同業他社のやる気を削ぐ戦略。「儲かりそうにないからやらない」と思わせたら成功です。3つ目の**「ジレンマ」戦略**は、同業他社の常識を逆手にとった戦略で、まじめな相手ほど効果的です。4つ目の**「ストーリー」戦略**は、顧客の成功体験や自身の失敗体験などエピソードで差別化する戦略。最後の**「コミュニティ」戦略**は、顧客同士が新たな価値を創造することを狙いとしています。

Tips No.

070

Check

法律で権利を守る【隔離】戦略

ネーミングの模倣を防ぐ「商標」は個人事業主も必須

参入障壁を築くうえで真っ先に検討してほしいのが、この「隔離」戦略です。なぜなら、**隔離戦略は「法律」があなたの権利を守ってくれるからです。**たとえ相手がどんな手段を使ったとしても、法律で一度認められたものを覆《くつがえ》すことは困難です。そのため、まずはあらゆる角度から隔離戦略が使えそうか見極めることからはじめましょう。

中でも、商品やサービスを中心としたネーミングの権利を守る「商標」は重要です。まず、商標の登録の可否を検討すること自体に意味があります。商標の調査の結果、「登録できそう」と判断できれば申請できますし、仮に困難だとわかったとしても他社の権利を侵害していないかどうかが判明します。とりわけ、後者の他者の権利を侵害していないかどうかは調べてみるまでわかりません。うっかり侵害してしまうというケースもありますので、可能な限り、そのネーミングを使う前に調査を行いましょう。

□アイデアに特徴や独自性があれば「特許」出願も検討

次に注目したいのが「特許」です。個人事業主にとって特許申請というのはあまりなじみがないかもしれませんが、仕事の内容によっては有効な手段です。特許は申請から登録まで順調にいっても4~5年かかることが一般的です。しかし、この手間と時間がかかることが参入障壁の構築以外にも様々なメリットをもたらしてくれるのです。

このことをわかりやすく伝えてくれるのが、大阪で特許事務所を運営する崎山博教《ひろのり》さんです。崎山さんの著書『小さな会社を強くする「知的財産」の戦略教室』によると、特許申請には参入障壁の構築以外に大きく3つの効果があるそうです。

1つ目は**「広告宣伝効果・販売促進効果」**。ある調査によると、「特許出願中」とPRするだけで広告宣伝と同等の効果が得られるそうです。2つ目は、**「アイデアの見える化」**です。崎山さんいわく、特許の出願作業を通じてアイデアを文章化し図面化することで大きな価値を得られるそうです。3つ目が、**「技術的な強みの発見ツール」**。たとえ、審査で拒絶されたとしてもそれに対応するなかで、「本当の強み」にたどり着くことができます。

Tips No.

Check

071

いつの時代も有効な【無関心】戦略

□**他者から見て「できるけど、やりたくない」は有効**

「無関心」戦略は、文字通り他者を無関心にさせることでムダな競争を省く考え方にもとづきます。ここでは、主に4つの方法を中心に紹介します。

1つ目は、**「面倒」で「やりたくないこと」**です。4章でもお伝えしたように、この方法は他者の無関心を誘う最も簡単で有効な方法です。今後、どんなに時代が変わったとしても、この「面倒」で「やりたくないこと」は普遍的で有効な戦略です

次に、外から見て**「儲かる仕組みがわからないようにすること」**も無関心を誘います。このことを教えてくれたのは、日本人で唯一、華僑《かきょう》に弟子入りを許された経験を持つ大城太《だい》さんです。大城さんは「華僑流」シリーズの本のビジネス書作家として知られるとともに、国

内外のビジネスに精通している投資家でもあります。大城さんいわく、華僑の一番の特徴は、ムダな競争を極力排除すること。何より「目立つこと」を嫌うのだそうです。そのため、日頃から複数の会社を巧みに使い分け、外部から利益の構造がわからないようにしているのです。まさに、「事業はこっそり行い、稼ぎは大胆に」を地でいく戦略です。

こうした無関心戦略は、テレビ番組でもときおり紹介されています。「坂上&指原のつぶれない店」（TBS系）では、「つぶれない店にはワケがある」をコンセプトに、全国各地の特徴ある店を紹介しています。これも見方を変えれば、無関心戦略のたまものです。

□「業界慣習に異を唱える」ことも無関心を誘発する

3つ目は、**業界で「非常識」とされることにあえて挑戦したり、古くからある慣習に異を唱えることです。**とかく日本人は「協調性」を重視しますので、業界の慣習やルールに反旗を翻《ひるがえ》すような行為はそのまま放置されることが多いのです。たとえば、業界の協同組合に入らないだけで、「料金設定や営業時間が自由になる」ことはよくある話です。

最後に紹介する無関心戦略は、**「市場規模をあえて小さくする」**です。事業の規模が小さいほど、他社から見た魅力度は下がります。とくに大企業は、事業がどれくらいスケールするかで参入するかどうかを判断しますから、小さすぎる市場は黙認されることが大半です。

Tips No.

Check

072

コンセプトをずらす【ジレンマ】戦略

□ジレンマ戦略とは、別名「あと出しジャンケン」戦略

参入障壁を構築する3つ目の方法は、「ジレンマ」戦略です。ジレンマとは2つの相反する物事の「板挟み」になる状態を指します。これを参入障壁の視点で考えると、**王道的な軸で戦っている他者を尻目に、新しい軸を打ち出して勝負するのです。**

このジレンマ戦略のことを、私は別名「あと出しジャンケン」戦略と呼んでいます。本来、あと出しジャンケンはルール違反ですが、ビジネスにおけるあと出しジャンケンは他者の権利を侵害したり、公序良俗に反しないのであれば有効で「大いにけっこう」なのです。

これは大企業の事例ではありますが、有名なジレンマ戦略として「朝専用缶コーヒー」で話題になったアサヒ飲料の「モーニングショット」があります。他社が「美味しさ」でPR

するなか、「モーニングショット」は「時間帯」という新しい軸で「朝に缶コーヒーを飲むサラリーマン」に特化し、発売から2か月で年間販売目標の400万ケースを突破しました。

このように、ジレンマ戦略の本質は、「軸をずらす」ことにあります。そして、「その手があったか！」「そうきたか！」と他者に感じさせるのです。この考え方は個人事業主においても有効で、たとえばライターがコンサルティング的な軸を取り入れる、デザイナーがブランディング的な軸を取り入れるなどもありえるでしょう。

□「日本特有の商習慣」を逆手に取ると効果的

これも企業の例になりますが、ジレンマ戦略で独自化しているのがダイレクト出版です。同社は日本では流通していない良質なビジネス関連の洋書を翻訳・出版するほか、会員制の選書サービスなどを行っています。同社の最大の特徴として、ネット書店を含む「書店」で商品を流通させていないことにあります。書店は一般の出版社からすると最大の取引相手ですが、同社は自らのサイトのみで商品を販売しています。書店の店頭では多くの出版社が限られたスペースの場所取り合戦をしているなか、同社は悠々自適に販売しているのです。

このように、**仕事の軸を増やす、販売チャネルを変えるなど、他者にない独自の路線を歩むことで、無用な競争が起こらない。**これは個人事業主にとっても大切なことです。

Tips No.

Check

073 エピソードで差別化する【ストーリー】戦略

□顧客の成功体験を全面に打ち出し、差別化する

参入障壁をつくるための4つ目は、「ストーリー」戦略です。**ストーリー戦略は、顧客の成功体験を中心とした様々なエピソードを武器に差別化します。**たとえ同じ事業内容だったとしても、背景にあるストーリーは決して真似できません。そして、ストーリーに共感した顧客を翻意させることもまた困難なため、とても有効な戦略の1つです。

□心の整理のついた失敗談は、いつも人の心を動かす

ストーリー戦略にはいくつかの「型」があります。この型に当てはめるだけで、魅力あるストーリーがつくれるようになります。

「社会課題解決型」がその1つです。社会が抱える様々な課題に取り組む姿や事業をはじめるきっかけとなった出来事をエピソードにまとめてみるのです。日本における病児保育の先駆けである認定NPO法人フローレンスは、「子どもが熱を出して保育園に行けず、会社を休んで看病したら、クビになった」という実際にあった出来事がストーリーの背景にあり、全国から大きな反響を集め、現在では寄付による子どもの福祉の支援に役立てています。

次に紹介するのが**「ビリギャル型」**です。「ビリギャル」とは、実話をもとにした書籍『学年ビリのギャルが1年で偏差値を40上げて慶應大学に現役合格した話』の略語です。いつの時代もビリギャルのように「できないことができるようになる」ことをストーリーで表現することが人の心を動かします。

3つ目は**「失敗告白型」**です。過去のつらい体験や失敗を乗り越えることができたとき、それは唯一無二のストーリーに昇華します。ただし、条件が1つだけあります。過去のつらい出来事に対し「完了した」と、心の整理がついている状態であることです。それができていれば、ときには笑いを誘うことも可能になるのです。

最後に紹介するのが**「未来の提供価値型」**。これまで世の中に存在しなかったこんなものを未来に実現したいというストーリーで、周囲の共感や興味関心を呼び込むのです。実際に猫好きが高じて実現させた「ネコ好き住人専用のデザイナーズ賃貸不動産」もその一例です。

Tips No.

Check

074 簡単そうで模倣ができない【コミュニティ】戦略

□コミュニティは顧客同士の関係性がカギになる

5章の「人が集まる仕組み」でもお伝えしたように、個人事業主にとって「コミュニティ」はとても重要な役割を果たします。そして、コミュニティを構築し、持続的に発展させることは最大の参入障壁になるのです。一見すると同じようなコミュニティでも、そこに集う人の気持ちまでは絶対に真似できないからです。

コミュニティの運営において最も重要なのは、参加者、つまり顧客同士の関係性です。この「横のつながり」が良好であればあるほど、顧客はそのコミュニティに対して「自分の居場所」や「居心地のよさ」といった魅力を感じるようになります。

その際に問われるのが、コミュニティのオーナーであるあなたの**「他者紹介力」**です。他者紹介力とは、「人と人をつなげる力」です。これは、あなた自身に特別な能力がなくても大丈夫です。

たとえば、職人タイプのAさんと営業力に自身のあるBさんをあなたが引き合わせたとしましょう。そのとき、「2人が一緒になったら、きっと面白いことができますよ！」といったようにひと言添えるのです。ポイントは思いつきで紹介するのではなく、2人の関係が深まるとどのような化学反応が起き、そこからどんな価値が生まれるのかをイメージすることです。そうやってコミュニティのメンバーがメリットを感じると、それは口コミで広まっていき、コミュニティの質も自然と高まります。

□目指すはコミュニティによる経済圏!?

コミュニティ戦略の目指すところは、コミュニティでビジネスが完結することです。それを実現させている1つのケースが日本最大の会員数7万人を誇るオンラインサロン「西野亮廣《あきひろ》エンタメ研究所」です。絵本作家としても知られる西野さんのように会員が7万人もいれば、それは1つの街のようなもので一種の「経済圏」でもあります。

コミュニティによって経済圏が形成されると、同業他社やひいては市場の動向なども関係のない最大の参入障壁となるのです。

Check

第7章

知らないと損する、お金まわりのこと

プライベートを含めた「賢く使う・貯める・増やす」マネー編

Tips No.

Check

075 生活費を含めた「固定費」はミニマムまで削減する

□災害に直面しても固定費は「毎月発生」する

独立後のお金に関することで真っ先に行ってほしいのが、**生活費を含めた「固定費」の見直し**です。固定費とは、売上の増減にかかわらず発生する一定額の費用のことを指し、家賃や光熱費、人件費、消耗品費などが該当します。この固定費をいかに削減するかが、「継続して儲かる仕組み」に直結するとさえ実感しています。そのため、個人事業主には、いかに稼ぐかという「攻め」の面だけでなく、いわば支出を減らす「守り」の面も重要です。

□流行りの「サブスク商品」は安易に契約しない

私の独立人生において最大の失敗は、この固定費に無頓着だったことです。

個人事業主の固定費は、生活面も含めて考える

1	**家賃** ➡ はじめから仕事用の事務所は不要
2	**車関連費** ➡ 仕事で使わないならカーシェアを検討
3	**通信費** ➡ 家族が多いほど固定費は増大
4	**光熱費** ➡ 古い家電を買い換えると光熱費は下がる
5	**娯楽費** ➡ 有料のサブスク型サービスは要注意
6	**保険料** ➡ 医療保険は基本的に不要
7	**クレジットカード** ➡ 使用量を正しく把握する習慣を

独立当初は先輩のオフィスを間借りしてスタートしたまではよかったのですが、やがて自分のオフィスを持つようになり、その後、約2倍の広さに引っ越しました。クレジットカードはプラチナカードを使いまくり、支払日に真っ青になったことも。クルマは月に数回しか使わないのに、毎月3万円近い駐車場代を疑うこともなく20年以上払ってきました。毎月垂れ流し状態で固定費を支払っており、事の重大性に気づいたのは独立して10年以上たってからで、そこから見直すことに。

それほどまでに、大きな影響を及ぼすのが固定費です。たかが固定費、されど固定費です。見直してほしい固定費の一覧は、上の図にまとめましたので、独立初年度から取り組んでみてください。

Tips No.

Check

076

「携帯電話」の料金プランを見直す

毎月の「データ使用量、利用料金」を把握する

生活費を含めた固定費の中で、改善効果が最も高いのが「通信費」です。中でもスマートフォンの利用料を見直すことで、固定費を劇的に削減することができます。独立する際は、携帯キャリアの変更を含め、料金プランを見直すことを必須項目に入れましょう。

この数年で、携帯電話を取り巻く環境は激変しました。これまでの3大キャリア（ＮＴＴドコモ、ａｕ、SoftBank）に加え、第4のキャリアとして楽天モバイルが参入。加えて大手のサブブランドやオンライン専用ブランドまで登場しました。そして、コスト的に最もメリットがあるのが、数年前から注目されている「格安スマホ（ＳＩＭ）」と呼ばれるサービスです。

このことは、個人事業主にとっても大きな追い風です。たとえば、毎月７０００円の利

格安SIMのメリット・デメリット

	メリット	デメリット
1	月額料金が安い	最新の5G回線は未対応が多い
2	最低利用期間や違約金が「ほぼ」ない	最低利用期間や違約金を設定している会社もある
3	ショップに行かずに契約できる	初期設定は自分で行う必要がある
4	少量利用者に配慮したプラン設計	30ギガ以上の大容量プランは非対応が多い
5	通話オプションが豊富	LINEの「ID検索」には非対応が多い
6	新規契約時にセット販売の端末価格が安い	人気の端末はセット購入できないことが多い
7	ギガを消費しないオプションも登場	自分の使い方に合ったサービスを探すのは大変

用料が2000円になったら5000円のコスト削減になり、年間で6万円にもなるのです。家族全体を見直すことができれば、さらに大きな効果が見込めます。

□毎月「10GB以下」なら格安に乗り換えよう

料金プランの「見直し効果」が高いのは、毎月のデータ使用量が「10GB未満」の人です。もはや、3大キャリアにこだわるのは毎月大量にデータを使うか店舗サービスが必要な人限定といってもよいでしょう。

とはいえ、安易に乗り換えると思わぬ落とし穴もありますので、自分の性格や携帯電話の使い方をよく見極めたうえで慎重に行うようにしてください。とくに家族全体を見直す場合は、全員の「同意」が必要です。

Tips No.

Check

077

「生命保険」の契約プランを見直す

□「子どもが独立」したら、保険見直しのタイミング

コスト削減の効果が高い2つ目の選択肢は「保険料」の見直しです。中でも、若い頃に契約したままになりがちな生命保険は、ライフステージの変化とともに定期的に見直すことが必須です。

とくに、**見直し効果が高いとされているタイミングが「子どもの独立」です。**子どもの独立は「二十歳」または「大学卒業」と、家庭によって定義は異なりますが、子どもの扶養が外れて金銭的な援助をする必要がなくなった時期が、保険料見直しの1つの目安です。

では、実際にどのように見直しを行っていくのか。まずは、左のページに示したように「保険の目的」を再確認しましょう。**「何のための保険なのか」がわからずに契約している商品は**

保険料を見直す7つのダンドリ

1	**保険の目的を再確認** ➡ しがらみで加入していないか？
2	**現状を把握する** ➡ 最後に加入、見直した時期も把握
3	**家族で話し合う** ➡ 家族構成を再確認し意見をまとめる
4	**ネットで調査する** ➡ 無料見積もりで削減効果を把握
5	**専門家に相談する** ➡ お宝保険の確認も忘れずに！
6	**不要な商品を解約する**
7	**必要に応じて新たな商品を追加**

意外と多いものです。 私が経営者の仲間にヒアリングしたところ、「若い頃にしがらみで加入した生命保険はほとんど意味がなかった」との声が圧倒的でした。

このような商品は保険会社の都合で契約させられていることもありますので、即刻見直しの対象になります。その後は、家族で話し合い、具体的な削減効果を探っていきます。

□解約前に「プロに相談」しよう

保険料を見直すうえで大切なのは、ファイナンシャルプランナーをはじめとする「プロ」と呼ばれる人たちに相談することです。自分ひとりで出した結論はかなりの確率で失敗します。とくに「お宝保険」と呼ばれる優良商品を解約したら、あとの祭りです。

Tips No.

078

Check

「住宅ローン」の繰り上げ返済はほどほどに

独立後は CASH IS KING

退職金を手にすると、「何に使おうか」といろいろな妄想がふくらむでしょう。もしかすると、その中の1つに「住宅ローンの返済」が含まれているかもしれません。けれども、この住宅ローンの返済は慎重に行う必要があります。

一般的に、住宅ローンの繰り上げ返済は金利負担分の圧縮効果にもつながるため、「可能な限りやったほうがよい」とされています。しかし、個人事業主として独立すると、**貴重な現金である「退職金」を住宅ローンの返済に充ててしまうことは「リスク」につながる可能性もあるのです。**

災害や不況に突入したとき、盛んに使われる言葉の1つに「CASH IS KING」があります。

この言葉は、独立して事業を行うすべての人に当てはまります。独立人生は何が起こるかわかりません。今日や明日にでも災害や事故に巻き込まれる可能性はゼロではないからです。取引先の業績悪化、最悪の場合、倒産して売掛金が回収できない。そんなことも珍しくありません。そのとき、一番頼りになる存在が現金、すなわち「CASH」なのです。

□低金利時代のメリットを追求しよう

低金利時代の現在、住宅ローンの金利もかつて類を見ないほど低く抑えられています。そのため、「必要以上に繰り上げ返済にこだわる必要はない」というのが私の考えです。退職金による住宅ローンの返済は、ほどほどくらいがちょうどよいでしょう。くれぐれも、退職金を全額使って繰り上げ返済に充てるようなことは避けてください。

1章でもお伝えしたように、個人事業主にとって運転資金は必須です。最低でも3か月分の生活費を含めた資金の確保が望ましいです。また考え方によっては、住宅ローンの金利を上回るリターンが得られる商品であれば、退職金を利用して「投資する」という選択肢もありです。もちろん、失うリスクもあるわけですから全額投資はご法度です。

このように、あらゆる観点から低金利時代ならではのメリットを追求することが、独立人生をより充実したものにします。

Tips No.

Check

079

初年度の「確定申告」は全部自分でやってみる

□確定申告を経験することで、はじめて「脱サラ」できる

「確定申告」と聞くと、「なんだか面倒でいやだな……」と思う方が大半だと思います。事実、私も長年その1人でした。

独立前は年末調整という形ですべて会社が行ってくれたのと比べると、確定申告を自分でやるには手間も時間もかかりますが、決して逃げ出さず前向きに取り組んでください。**自分で確定申告を行うことで、申告した「売上」に対して、どのような考え方や計算式によって「所得」が決まり、いくら「課税」されるのかを実感できるようになるからです。**

少なくとも独立した初年度の確定申告はすべての作業を自分でやってみましょう。そして、確定申告を何度か経験し、税金に関する様々な知識を身につけることによって、はじめて「脱サラした！」と実感できるようになります。

□「税の仕組みと知識」は、稼ぐほど重要になってくる

経理の経験者や簿記の勉強をした人でもない限り、はじめから確定申告や税の仕組みに詳しい人はほとんどいません。独立した多くの個人事業主も、最初は「確定申告って何？」というところからスタートしています。ただ、そこで放り出してしまうか、自分ごととして知識を身につけていくかで、経営の「勘どころ」が磨かれるかどうかの大きな差となります。

「税の仕組み」は稼げば稼ぐほど「納税額」も増えますが、手元に残るお金も増えます。納税額は、立派な稼いだ証でもあるのです。中でも注意したいのは、節税を意識しすぎることです。本来重視すべき「稼ぐ」というベクトルに注力が向きにくくなるため極力避けたいものです。また、節税の知識ひとつとっても合法的なものから違法なもの（脱税）まであります。節税の方法には「青色申告」や「所得税を減らすために計上できる経費」「控除」などありますが、できることが限られ、過度な節税にはあまりメリットがありません。控除などの情報収集は怠らず、税理士をはじめとする専門家とよい関係を築くことが大切です。

なお、確定申告の仕組みがある程度理解できるようになったら、作業を外注化やクラウド化するなりして、どんどん合理化していきましょう。

Tips No.

Check

080

過度な節税は逆効果、「納税思考」でいこう

□税金を「喜んで納める」人になる

ありがたいことに、私はこれまで多くの会計士や税理士と一緒に仕事をする機会に恵まれました。具体的には、彼らをブランディングするための書籍づくりのサポートを通じ、多くのことを学ばせてもらいました。中でも印象に残っているのが、「税務のプロ」である彼らが口をそろえて「過度な節税は逆効果」だといっていたことです。

とりわけ、このことを強調していたのが、静岡県浜松市で会計事務所を運営する松本有史さんです。松本さんが教えてくれた体験談はとてもインパクトがありました。

あるとき、松本さんは銀行から紹介されて地元の中小企業の社長に会ったそうです。社長は開口一番「先生、私は節税なんかしないから、もっと建設的な話をしよう」と。そこから、

その会社のサポートをすることになった松本さんは、社長が税金を「喜んで納めている」という衝撃の事実に直面します。この社長は知っていたのです。節税せずに税金を納めることが企業を存続、拡大させるために最も効果的であることを。

□税金を「取られる」と思っているうちは二流

この衝撃の体験を通じて、松本さんは社長が実践している生活習慣を可能な限り真似するようになりました。すると、「紹介が紹介を呼ぶ」といったかたちで、会計事務所の顧客がみるみる増えていったのです。そこで、松本さんはある1つの真実にたどり着きます。「税金を取られると思っているうちは二流」だということに。そのことを「納税思考」と名付けました。現在は、顧問先に加えて地元の創業塾などでも納税思考の大切さを伝えています。

この体験は、個人事業主にもそのまま当てはめることができます。確定申告が近くなり、「今年は利益が出そうだ」というときに、経費で不必要な「大きな買い物」をする人は多いです。これは節税手法の1つ「駆け込み需要」と呼ばれるものですが、税務のプロからするとナンセンスといわれています。たしかに経費を使って所得税を減らすのは、短期的には納税額を抑えることにはなるのですが、結局手元のお金が減ってしまい資金繰りが悪化したら元も子もありません。

Tips No.

Check

081 自宅オフィスは「家事按分のルール」をつくる

□独立後は家賃、光熱費、クルマ費用等が経費計上できる

確定申告を「青色申告」で提出すると、様々なメリットがあります。自宅で仕事を行う人は家賃を計上できるほか、光熱費や場合によってはマイカーの維持費も一部が経費として認められます。このように、合理的な基準のもと、事業にかかった経費を算出することを「家事按分《かじあんぶん》」といいます。

家事按分する際は、事業でどれくらい使うのかを「割合」で示すことが求められます。たとえば、マイカーの利用料を算出する場合、月にどれくらい仕事で使うのかを把握しましょう。週に1回必ず使うのであれば「月4日」となり、月極の駐車場代が2万円であれば12％となる2400円が、ガソリン代が1万円であれば1200円が経費として計上できます。

独立後に「家事按分」できる主な生活費

1	**家賃** ➡ 購入物件で住宅ローン控除利用の場合、専門家に相談
2	**電気料金**
3	**ガス、水道利用料金**
4	**通信費** ➡ スマートフォン、インターネット利用料など
5	**自動車関連費** ➡ 駐車場代、ガソリン代、車検費用など
6	**新聞・書籍代**

いうまでもなく、経費計上できるのは仕事で使う場合に限られます。

事業の割合を必要以上に多くしたり、なんでもかんでも経費に計上した結果、数年後に税務調査が入って嘘がバレるということだけは避けましょう。

□住宅ローンの返済は経費にならない

また、家事按分で注意したいのが「家賃」です。賃貸物件の場合は通常の家事按分でかまいませんが、住宅ローンの返済そのものは経費に計上できません。とくに、購入した物件で住宅ローンを利用し、かつ住宅ローン控除を受けている場合は注意が必要です。事業で使う割合によっては控除が受けられなくなりますので、税理士などの専門家に一度相談することをおすすめします。

Tips No.

Check

082

経費は「月次」でまとめるクセをつける

□個人事業の場合、「経費」は原価管理に近い

個人事業主となったあなたは、通常の仕事だけでなく最低限の事務仕事もこなさなくてはなりません。毎月発生する領収書の整理をはじめとする「経費」の把握もその1つです。「経費」といっても会社員時代と独立後はまったく性質が異なります。会社員時代の経費は、どちらかというと「立て替え費用の精算」に近い感覚だったと思います。ところが、独立後の経費の処理は原価管理に近く、また処理したところですぐに現金化されません。そのため、多くの人が領収書の整理や経費の入力作業をサボりがちになり、年に一度の確定申告前にあわてて作業することになってしまいます。

しかし、**経費を正しく把握する習慣を持たないと、5年後、10年後にそのツケが回ってきます。**

「月次」で経費を把握する7つのメリット

1	経営状態の早期把握
2	目標達成の促進
3	スムーズな意思決定が可能に
4	収支バランスが改善する
5	先送り体質の改善
6	将来、法人化したとき、スムーズに移行できる
7	事業主としての自覚が増す（芽生える）

ひたすら売上を追いかける「売上至上主義」か、赤字になっても気づかない慢性的な「どんぶり勘定」に陥りやすいのです。

□月次でまとめると「法人化もスムーズ」に

経費は可能な限り「月次」でまとめるクセをつけましょう。そして、経費をエクセルでまとめるだけに終わらせず、売上と支出を全体でとらえるようにしてください。月次の把握に必要なのは発行した請求書の控え、受け取った領収書、そして銀行口座の取引履歴があれば十分です。

月次でまとめるメリットはほかにもあります。将来、法人化したときに経理部門もスムーズに移行できます。それだけでなく、目標達成の促進や意思決定もすばやくできます。何より「先送り体質」の改善につながります。

Tips No.

Check

083

退職金の運用は「リスク分散」第一で

□退職金運用最大のルール「安全第一」

1章で退職金を「事業に全額投資してはいけない」とお伝えしましたが、退職金を「運用」する場合はさらに慎重になる必要があります。退職金の運用で最も大切なことは「安全第一」です。くれぐれも個別株や1つの商品に全額投資するようなことは避けましょう。

長年勤めた会社を50歳以上で退職すると、ある程度のまとまった退職金が得られます。すると、その退職金をめがけて金融機関から様々なアプローチがあることでしょう。長年、給与やボーナスの受け取りに使っていた銀行からは定期預金だけでなく、投資商品の提案があるかもしれません。しかし、**どんな魅力的な提案だったとしても安易に契約をしてはいけません。**投資先は目的に応じて最低5つくらいに分散させるなど、「同じかごに卵を盛らない」

知っておきたい「退職金運用」７つのルール

1	退職金運用は「安全第一」と心得る
2	最低限の「金融リテラシー」を身につける
3	預貯金と投資運用のバランス（割合）を検討する
4	「増やす」ことに執着しすぎない。現状維持でも充分
5	金融機関が勧める商品を安易に契約しない
6	投資運用は「国の制度」を積極的に利用する
7	担当者や紹介者の言いなりにならない、任せすぎない

ようにしましょう。

□「増やす」ことに執着しすぎない

退職金の運用における最低限知っておきたいルールを上の図にまとめました。どれも基本的なことばかりですが、いざ自分のこととなると見落としてしまうこともよくあります。のちほど詳しく紹介しますが、私はかつて、人にすすめられるまま投資知識を持たずに「投資デビュー」し、大失敗をしたことがあります。

また、運用をはじめるとゲームのような感覚に陥り「増やす」ことに必要以上に執着してしまう人がいます。とくに、長期の積み立て商品などは一喜一憂してもほとんど意味がありません。運用がはじまったら、ほったらかしにするくらいでちょうどよいのです。

Tips No.

084

Check

「第二の退職金」のために積み立てを開始する

□積み立ては「年齢が若いほど有効」で効果絶大

独立後、いずれ現役生活を退いたときのための「退職金を積み立てること」も大切です。国の制度である国民年金や会社員時代の厚生年金があるとはいえ、それだけで老後の生活が成り立たないことは、いまや誰でも理解しているでしょう。そのため、可能な限り早い時期から老後の生活費を含めたお金を積み立てるようにしましょう。

「投資の知識がないので積み立ては不安だ」という人は、はじめから投資をする必要はありません。「将来のために手をつけない」というルールのもと、貯めるようにしましょう。私自身、投資の知識がない頃は銀行の定期預金を複数使っていました。積み立ては、文字通りコツコツと堅実に積み重ねることが可能なリスクが少ないものにしましょう。

□「小規模企業共済」や「iDeCo」を利用しよう

投資の知識がなくても退職金を積み立てられる方法があります。国の機関である中小機構が運営する「小規模企業共済制度」は、小規模企業の経営者や役員、個人事業主などのための積み立てによる退職金制度です。この制度は、掛金が全額所得控除できるなどの税制メリットに加え、積み立てた金額に応じて事業資金の借り入れもできることから、多くの小規模企業経営者や個人事業主が利用しています。令和2年度のデータによると、在籍人数は約153万人、資産運用残高は約10兆円です。

投資による運用を考える場合は、iDeCo（イデコ）も検討してみましょう。iDeCoは「個人型確定拠出年金」と呼ばれ、自分が拠出した掛金を、自分で運用し、資産を形成する年金制度です。掛金を60歳になるまで拠出し、60歳以降に老齢給付金を受け取ることができます。小規模企業共済と同様、掛金全額が所得控除できることに加え、運用益も非課税で再投資できることは大きなメリットです。ただし、iDeCoは原則的に途中で解約ができません。掛金の積み立てが厳しいときは減額や停止を検討することになります。

iDeCoの掛金には加入区分に応じて上限（拠出限度額）があり、拠出できる掛金の上限が異なります。第1号被保険者である個人事業主の場合は、月額6万8000円が上限になりますので、運用年数が多いほど将来受け取れる金額も大きくなります。

Tips No.

Check

085

「金融リテラシー」を身につけよう

無知ゆえに、高い代償を支払う羽目に

長い独立人生では、何が起こるかわからないため、万一の事態に直面したときに役立つのが「知識」です。中でも「金融リテラシー（知識）」の有無は、個人事業主にとっても重要な問題です。私はこの金融リテラシーを長年に渡って軽視してしまったがために、貴重な資産と時間を失いました。次は教訓の共有として、私の失敗談です。

独立して間もない、2005年のことでした。大学時代の後輩が投資に詳しいことを知り、「何かいい情報があったら教えて」と彼にお願いしたのです。すると紹介されたのが、積み立て型の海外と国内の投資信託商品でした。疑うこともなく投資をはじめて数年後、世界中をリーマンショックが襲いました。すぐに口座を確認してみると、積み立てた商品の価格は

半値ほどに暴落していました。そこで、私は最大の過ちを犯します。「なんだこれは！」とばかりに、勢い余って解約してしまったのです。

□万人向けの投資商品など存在しない

この行為は、一般的に初心者が犯しがちな「狼狽《ろうばい》売り」と呼ばれています。とくに長期に渡って積み立てる投資信託においては、「市場の暴落時こそ、最大の投資機会」というセオリーを私は知らなかったのです。さらに、狼狽売りして戻ってきた資金は、海外のカジノをはじめとするギャンブルですべて使い果たし、文字通り「全損」したのです。

この失敗の原因は金融に関するリテラシーが圧倒的に不足していたことでした。そもそも、何の知識もないまま投資をはじめるべきではなかったのです。**万人向けの投資商品などありません。1人ひとりの性格や目的などを精査したうえで、投資先を決めるのが投資の本質です。**

私はこの失敗から立ち直るまでに10年近い歳月を必要とし、その間、金融リテラシーを高めるべく、様々な情報を得ました。とくに大きな影響を受けたのが作家の橘玲さんの著作で、『新版 お金持ちになれる黄金の羽根の拾い方』や小説『マネーロンダリング』は普遍的な内容で今読んでも役に立つことばかりです。また、最近はYouTubeなどの動画で金融リテラシーを高めることも可能な時代になっていますので、しっかり学んで賢く増やしましょう。

Check

第8章

人生はマラソン。息切れせずに、成長し続ける習慣づくり

モチベーション＆スキルアップ＆心と体のメンテナンス編

Tips No.

Check

086 仕事の質は常に磨き、改善し続ける

□個人事業主を評価するのは「顧客」

会社員の評価は、人事によって決まります。「会社にどれくらい貢献したか」でボーナスや毎月の給料にも反映されます。しかし、独立して個人事業主になると、**あなたの評価は基本的に「顧客」が行います。**したがって、きちんと評価に見合う仕事をしなければ、顧客は離れてしまうばかりか、新規顧客の獲得もままなりません。

そのために、やるべきことは**仕事の質を常に磨きつつ、改善の手を止めないこと**に尽きます。つまり、飽くなき利便性や顧客満足の追求です。個人事業主にとって、「現状維持は衰退あるのみ」と心得てください。現状維持に陥らないためにやってほしいことを次ページの図にまとめました（以降の項目では、この7つの習慣を中心にお伝えしていきます）。

現状維持に陥らないための7つの習慣

1	**先輩や同業者の成功例を模倣する** ➡ まずは追いつく
2	**読書** ➡ 多読よりも「お気に入りの精読」
3	**定期的な情報発信** ➡ 定期的＞単発
4	**顧客と定期交流** ➡ 本音を聴ける関係性を構築
5	**身につけたスキルや経験を教える** ➡ 学習効果が高い
6	**自分に「意見してくれる人」を持つ** ➡ メンター効果
7	**他業界の成功を創造的に模倣する**

□自分だけの「脱・現状維持習慣」をつくろう

私が若い頃から心がけてきたのは、「読書」です。

ビジネス書や実用書だけでなく、小説やノンフィクションなど幅広いジャンルを読んでいたおかげで、多くの知識を得るだけでなく、その知識が「引き出し」となり、年上の経営者との会話にも困ることはありませんでした。

その後、30代後半になってから経営の勉強に目覚め、「自分に意見してくれる人」に出会うことができました。それは独立後最大の財産だと実感しています。

また、身につけたスキルをセミナー形式で「教える」ことによって、仕事の幅を大きく広げることができました。こうしたことが、今の自分の独立人生の礎となっています。

Tips No.

Check

087 「期待値調整」のプロフェッショナルになる

□「期待値調整」とは、成果物の内容などを顧客とすり合わせること

私がリクルートに勤めていた頃、社内の営業部で最もよく使われていた言葉が「期待値調整」です。**期待値調整とは、成果物の内容などを顧客とすり合わせていくことです。**期待値調整は、若手が上司に対して仕事の説明を行うときに、上司から「お客様と期待値調整できているのか？」と必ず聞かれます。

期待値調整を甘く見ると、顧客からのクレームに発展するだけでなく、「仕事ができない人」という烙印を押されることにもつながりますので注意が必要です。その逆で、「仕事ができる人はもれなく期待値調整がうまい」ともいえます。

個人事業主においてよくある期待値調整のトラブルが、いわれた通りに納品したはずなの

「期待値調整」を成功させる7つのポイント

1	納品時にどんな課題や問題が解決できるか共有する
2	「絶対に外せないポイント」を共有する
3	相手が「どこまで妥協できるか」を把握する
4	「成果物の内容」や「最低限の品質」を設定する
5	「納期」を設定し、遅れた場合のルールを設定する
6	言語化しづらいイメージは「他社の事例」でカバー
7	追加コストを含む「見積もり額」を提示する

に、「イメージと違うので、これじゃあ、お金は支払えない」というものです。それもそのはず、よくよく聞いてみると、トラブルの原因の多くは、大事なことを口約束だけで済ませ、相手に確認を取らずに勝手な思い込みをベースに仕事をしてしまうことにあるからです。

□期待値調整は「継続率の向上」につながる

こうしたトラブルを未然に防ぐのが、期待値調整の役割です。上の図にまとめたように、たった7つのポイントを押さえるだけでトラブルは激減しますので、ぜひ試してください。

何より、日頃から相手の期待値を上回る仕事をするよう心がけていると、顧客との関係も良好になり、それは最も重要な指標の1つ「継続率の向上」につながります。

Tips No.

088

Check

「ビジョントーク」の達人になる

□顧客の「未来予想図」を引き出すビジョントーク

「期待値」の共有をはじめ、顧客や見込み客との関係性を構築していくうえで、効果的なコミュニケーション手法となるのが**「質問」**です。この質問をベースとした対話のことを「ビジョントーク」といいます。ビジョントークは顧客や見込み客の「言葉にできない願望」や「未来予想図」を引き出すために欠かせないとても重要なスキルです。

このことを教えてくれたのが、住宅メーカーの営業マン時代に訪問しなくても売れる「営業レター」で成果を挙げた菊原智明さんです。菊原さんは、社内で4年連続ナンバー1になった実績をもとに営業コンサルタントとして独立し、営業レターから反響のあった見込み客との商談で最も大切なことは「ビジョントークの質と量」だといいます。

効果的な「ビジョントーク」の質問例

1	日々の生活でどんなときに幸せを感じますか？
2	もしも若い頃に戻ることができたら、やりたいことは？
3	これから先の人生において、避けたいことは？
4	それらに遭遇しないために、心がけていることは？
5	将来、どんなことを実現したいですか？
6	それが実現したら、どんな気持ちになりますか？
7	その夢や目標を実現するために一番重要なものは？

□スペックや価格ではなく「可能性」を売る

ビジョントークの対極に位置するのが、商品のスペック（機能）や価格の説明に終始する営業スタイルです。菊原さんによると、売れない営業マンほど商品の説明中心のセールスになっているそうです。

私もこれまで数多くの営業マンと付き合ってきましたが、一流の営業マンは最初から商品を売り込むようなことをしません。必ず相手の状況を丁寧にヒアリングしたうえで提案につなげていくのです。

自分の都合を押しつけることなく、顧客や見込み客の可能性を追求するビジョントークに参考となるような質問を上の図にまとめましたので、ぜひ取り入れてみてください。きっとすぐに効果を実感できるはずです。

Tips No.

Check

089

「理想の先輩」を創造的に模倣する

理想の先輩の存在が、自分を引き上げる

変化の激しい時代に生き残るべく、「理想の先輩」をベンチマーク的存在にしてみましょう。とくに個人事業主にとっては、理想の先輩を「創造的に模倣」することで、自分の中に「基本」と「基準」ができます。私の場合、独立初期に先輩のオフィスに間借りしていたこともあり、直接学ばせてもらったことがとてもよい経験になりました。先輩はＩＴに強く、今でいうところの「ライフハック」的な情報をいくつも教えてくれました。本書で紹介した普及しはじめたころのＩＰ電話やインターネットＦＡＸをいち早く導入することで、コスト削減だけでなく効率的かつ効果的でスマートな働き方を取り入れることができました。

理想の先輩に学ぶことは仕事の効率化だけでなく、あなたの価値観にも刺激を与えてくれ

「理想の先輩」に学ぶ７つの効能

1	効率的な「稼ぎ方」が学べる
2	物事の「とらえ方」や「考え方」が学べる
3	何かあったときに「相談」できる
4	先輩の「失敗談」を教えてもらえる
5	慢心しそうなときに諫《いさ》めてくれる
6	「仕事の紹介」が期待できる
7	独自のワークスタイルや「価値観」を確立できる

ます。先輩の物事に対する「とらえ方」や「考え方」も参考にしてみましょう。先輩はなぜ、その事業をはじめたのか。事業を行ううえで最も大切にしていることは何か。そうしたことを続けるうちに、あなた自身のワークスタイルや独自の価値観の醸成につながります。

□先輩との交流は自ら機会をつくる

先輩と会うたびごとに、自分の成長度合いも感じるはずです。できれば理想的な先輩とは、定期的に交流できるような環境をつくりましょう。

つい最近、私は独立事業者のための資産形成を学ぶ勉強会を先輩と立ち上げました。何か一緒に勉強会を定期開催してみたり、新たな企画を先輩に提案したりして、自ら場をつくっていくことで、その交流は続いていきます。

Tips No.

Check

090

世間や業界の「常識」を疑う

□「ちゃぶ台返し」は新規参入者の特権

仕事でそれなりに経験を積み重ねていくと、自分なりの「信念」が生まれてきます。その「信念」と世間の常識や業界の慣習とを照らし合わせてみてください。じつは、それらに対して「疑念の目」を持つことが、新たな仕事や顧客を生み出すことにつながります。このことを私は「ちゃぶ台返し」と呼んでいます。ちゃぶ台返しは業界の要職にある人はなかなかできません。ベンチャーのような新規参入者や自由に立ち回れる個人事業主の特権です。

□業界の常識にひるまず、信念を実現させた例

わかりやすい実例を紹介しましょう。私の師匠でもある経営コンサルタントの藤屋伸二氏

事例 **信念を貫くべく「もしドラ」とともに ドラッカーブームの波に乗ることに成功!**

世間の常識 ➡ 信念:中小企業こそドラッカー理論を活用できる!

業界の常識 ➡ 信念:ドラッカーを図解化してもいいじゃないか!

信念を貫く ➡ 出版社に企画書を送ること185回!

は、「中小企業こそ、ドラッカー理論を活用できる」という信念を抱いていました。

そこで、中小企業の経営者に向けてドラッカー理論が図解で学べる本を出版しようと思い立ちますが、出版社はすぐに見つかりません。当時の出版業界では「ドラッカーは万人向けである必要はない。難解だからこそ意味がある」と考えられていたのです。

断られることじつに183社。しかし、ついに重い扉が開かれます。184社、185社目から「うちで出版しましょう!」と相次いでOKの返事がきたのです。こうして、藤屋氏の信念が実を結び、その後はドラッカー生誕100年の「もしドラ」のブームにも乗り、同氏のドラッカー関連書籍の累計発行部数は244万部を突破するまでになったのです。

Tips No.

091

Check

「経営の勉強」は継続してこそ意味がある

独立後は経営の勉強も「立派な仕事」

独立後に実践してほしいことの1つに「経営の勉強」があります。「経営」というと、会社のような組織的なものを想定するかもしれませんが、個人事業主はプレイヤーでもあり経営者ですから大いに関係があります。とくに変化が激しい現在は、本業である主力事業の賞味期限はどんどん短くなる傾向があります。常に第2、第3の主力事業を準備しておく必要があり、そのために定期的に学べる機会を自らつくるのです。

私は独立してから10年近く、自分の気の向くままに仕事をしてきました。自由でいい時代だったと思いますが、仕事のことを相談する相手がいないことが唯一の不安材料でした。あるとき、のちに師匠となる経営コンサルタントの藤屋伸二氏による、ドラッカー理論をベースとした経営の勉強会に参加する機会がありました。それ以来、毎月、品川の会場で勉強し、終了後は懇親会で受講生らと語り合うことが習慣になりました。はじめはまったく経営を勉強する意図や意味が理解できず、ただ参加するだけの状態でしたが、しだいに学んだことが仕事に活かせるようになってくるととても楽しくなりました。何より、先生をはじめとする異なる業界の経営者である受講生の仲間との交流において、さまざまな刺激をいただき、またそこから多くの仕事を生み出すことにもつながりました。

□資格取得のような孤独な勉強∧「仲間と触れ合う」勉強

資格取得のような1人で黙々と進める「孤独な勉強」だけでなく、業種を越えた仲間と交流しながら「経営」について考えていくのも大事な勉強です。とくに個人事業主は孤独であるゆえ、実践してほしいのは後者です。

このような話をすると、「なかなか定期的な時間が確保できない」という声を聞くことがあります。これは勉強に限ったことではありませんが、**優秀な経営者はスキマ時間の有効活用が上手なわけではありません。やるべきことを決めたら先に時間を確保しているのです。**

経営の勉強は立派な「仕事」であり、そこにゴールはありません。ある先輩経営者が教えてくれました。「経営の勉強に終わりはない。立ち止まったら終わりだよ」と。

Tips No.

Check

092

定期的に「ひとり合宿」を行う

□ひとり合宿では「重要かつ緊急性の低い領域」を扱う

独立後に取り入れてほしい習慣の1つに「ひとり合宿」があります。本来「合宿」とは、複数人が宿泊しながら事前に決めたテーマに取り組むことを指しますが、このひとり合宿は文字通り「ひとり」で行うことに意味があります。

ひとり合宿では、基本的に直近の仕事は行いません。場所については自宅やオフィスでなければどこでもOKです。海、山、川、温泉地など、心身がリラックスできて心地よいと感じる場所から選びましょう。普段なかなか向き合わないようなテーマにじっくりと向き合いますので、期間は最低でも2泊3日は確保することをおすすめします。

ひとり合宿では、目標設定やその振り返り、新規事業の模索といったような「重要かつ緊

「ひとり合宿」で得られる7つの効能

1	日常から解放され、「心身がリフレッシュ」できる
2	自分自身と「向き合う」ことができる
3	「重要かつ緊急性の低い領域」に取り組める
4	「将来のこと」を真剣に考えることができる
5	具体的な「目標設定」ができる
6	本質的な「問い」と向き合える
7	強みやコンセプトの「再定義」に取り組める

急性の低い領域」に取り組むのが主な目的です。私はひとり合宿を定期的に行うことによって、新しい事業やプロジェクトを企画し、具体化させてきました。

□強みやコンセプトの再定義に取り組もう

ひとり合宿で得られる効能を、上の図にまとめました。そこで、ぜひ行ってほしいことの1つに**「強み」の再定義**があります。残念ながら未来永劫、保証された「強み」などありません。「強み」には有効期限があるのです。

ひとり合宿を利用して、現状の「強み」がどれくらい仕事で効果を発揮でき、それはいつまで有効か、またそれに代わる「強み」はないか考えることは、現状分析だけでなく未来への種まきにもなるのです。

Tips No.

093

Check

信頼できる「壁打ち相手」と定期的に交流する

□「壁打ち」は具体的なアドバイスが得られる

ビジネスでもプライベートでも、誰かに話を聴いてもらうことで、それが安心や行動に結びつくことがあります。このように、対話を通じて自分の考えを深めることを一般的に「壁打ち」といいます。私も何かうまくいかないことがあると「壁打ちしよう」という感じで、普段からお世話になっている先輩や各種専門家に声をかけるようにしています。

もちろん、中にはプロのコーチとして活動している人もいますので、そういう方と接する際はきちんと契約しています。ここでは、プロではない一般の方と壁打ちを行うことのメリットを中心にお伝えします。壁打ちの特徴は、話しながら自分の考えがまとまっていき、具体的なアドバイスが得られることです。

「壁打ち」で得られる7つの効能

1	「モヤモヤ」していることが晴れる
2	頭の中で考えていることが「言語化」できる
3	アイデアを聴いてもらい「率直な感想」が得られる
4	自分の中で「過度な思い込み」がないか気がつく
5	「いつまでに、何をすべきか」明確になる
6	目標達成のために「手放すこと」が見えてくる
7	「具体的なアドバイス」が得られる

□「本音」の対話だから頭の中がクリアーになる

壁打ちは、心理的安全性が保たれた本音のフランクな対話が望ましいです。頭の中にあるちはモヤモヤとしていたことも、人に話すことによって、まず言語化されます。さらに、自分ではすごくいいと思っていたアイデアの反応がいまいちよくなかったり、逆にあまり自信がないことが思わぬ評価だったりと、アウトプットをして、人とキャッチボールをすることではじめてわかることは少なくありません。

また重要なのは、自分だけがメリットを享受するのではなく、相手にとっても同じような価値を与えられるようにすることです。お互いによき壁打ちの相手となれることで、関係性も必然的によくなっていきます。

Tips No.

Check

094

「年下」の経営者、専門家と付き合う

一流の経営者は年齢で人を判断しない

あなたが個人事業主として成功するか否かを左右する大切な習慣があります。それは1つの「指標」といってもよいかもしれません。日頃からできるだけ多くの「年下」の経営者や専門家と付き合うことです。ときには彼らに頭を下げて、様々なことを教えてもらう関係性を築くのです。

いつの時代も最先端にいるのは若い人たちです。彼らから生きた情報を「おすそ分け」してもらうだけでも一次情報として価値があります。私が20年近く個人事業主として活動できているのも、年下の経営者や専門家らの連携によるところが大きいです。現在、私はITと税務部門を年下の専門家にお世話になっていますが、最新のネットビジネス事情や目まぐるしく変化

「年下」の経営者、専門家とのと付き合い方

1	上から目線はご法度。態度や言葉遣いは丁寧に
2	情報や作業の「対価」を事前に明確にする
3	仕事とプライベートの境界線を明確にする
4	自分にとって「大切な存在」であることを明言する
5	必要に応じて、彼らの役に立ちそうな人を紹介する
6	「リスペクト」する姿勢、「感謝の気持ち」を忘れない

する政府の一時支援金や補助金制度などは若い人の情報収集力には太刀打ちできません。

□リスペクトの姿勢と感謝の気持ちを忘れない

私が日頃意識している年下の経営者や専門家との付き合い方を上の図にまとめてみました。

最も意識しているのは、自分が様々なことを「教えてもらっている存在」だということを自覚し、リスペクトの姿勢と感謝の気持ちを忘れないことです。

多くの一流の経営者を取材してわかったこととも重なるのは、彼らは決して年齢で人を判断しません。そして、誰に対しても態度や言葉遣いが丁寧です。年下の人に対して「積極的に学ぶ姿勢」と「好奇心」を持っていました。私も常にそうありたいと思います。

Tips No.

Check

095

「座右の書」を読み返す

□読書で得たことは実践してこそ意味がある

個人事業主としての成長に欠かせないのが「読書」です。この読書習慣をどのように身につけるかで、あなたの将来の伸びしろが変わるとさえ感じます。

読書はあなたの知識を豊かにしてくれます。ただし、それは知識がきちんと頭の中の「引き出し」に収まってこそです。「引き出し」というからには、仕事机の引き出しのように、必要なときにすぐに取り出せることが理想的です。そうして「こんなことが書いてあり、このように役に立つ」といった「情報のラベル」が1冊ごとにあることで血肉となるのです。

また、ビジネスや実用書などは「実践」してこそ意味がありますが、読書をしたからといってすぐに稼げるわけではありません。実践して得た経験から、自分なりに法則のようなものとしてとらえられて、はじめて稼げる知恵となるからです。

□座右の書を「創造的に模倣」する

私は出版サポートという仕事柄、10年以上にわたってベストセラーと呼ばれる本を数千冊買い続けてきましたが、結局「座右の書」と呼べるものだけが残りました。私にとって「座右の書」とは知識を満たすだけでなく、「勇気」を与えてくれる本です。仕事や人生で迷ったときに「道しるべ」となるような存在です。これから先、あなたにどんな困難が待ち受けているかわかりませんが、そうしたときこそ「座右の書」が助けてくれることでしょう。

この10年間で私が最も多く読み返した本は、『地域再生の罠』（久繁哲之介著）です。日本中で実施されている地域再生の問題点と解決への提言をまとめたこの本は、他地域の成功事例を単に模倣しても同じような結果は得られないこと、そして機能的価値以上に心理的価値が重要であることが豊富な事例とともに学べます。

この本を通じて心理的価値の重要性に目覚めた私は、以来「本当に顧客が求めているものは何か？」を徹底的に追求し、事あるごとにメモをして言語化するようになりました。その考えの根本は、セミナーや講演、コンサルティング、書籍といったさまざまな商品に応用され、私の仕事のスタイルを形成してくれた、まさに「恩人」のような1冊なのです。

Tips No.

Check

096

「教えるスキル」を磨く

人は何かを「教える」ときに最も学べる

自己研鑽の意味でも学びを続けるのは、とても大切なことです。けれども、学び続けるだけでは本当の成果を手にすることはできません。あなたが学んだことを「誰かに教える」ことで、はじめて自分の理解になるといえるからです。ドラッカーも、まさにこのような言葉を残しています。**「人は何かを教えるときに最も学ぶことができる」**と。

また、講義やセミナー、読書などのインプットされた情報も、時間の経過とともに記憶から薄れていきます。それでも、最後まで記憶に残るといわれているのが「誰かに教えた」ことなのです。このことは、主に教育学の世界で使われている「ラーニングピラミッド」でも、「誰かに何かを教えるスキルを磨くことは、知識が自分のものになる」とされています。

「誰かに教える」スキルがもたらす７つの魅力

1	複雑な情報が少しずつ「整理」される
2	「最新の情報」にアクセスするようになる
3	「どこにニーズがあるのか」調べることができる
4	より「わかりやすく伝える」ことを追求できる
5	教えた人から「仕事の依頼」が期待できる
6	教えた内容の「商品化」につながる
7	将来「書籍化」の可能性が広がる

□10年超のキャリアは「教えの対象」になる

私自身、これまでさまざまなことを教え、それを仕事にしてきました。そうしてわかったことは、**「希少な情報を教える場は、知識のマネタイズになる」**ということです。

２００８年にはじめた「戦略的出版セミナー」は当時珍しかったこともあり、会場は多くの参加者でにぎわいました。その後は「ビジネスブログの書き方教室」や「コンセプトのつくり方」などを定期的にセミナーとして開催。現在は、本書の内容を中心としたセミナーや経営者向けの「ニッチ戦略塾」を毎月開催しています。

とくに、10年以上のキャリアがある分野であれば、教えることが可能です。私のようにセミナー形式もよいですし、１対１の個別指導型も効果的です。

Tips No.

097

「SNS中毒」に陥らないルールをつくる

Check

SNSは仕事にもつながるが、最大の時間泥棒にもなる

個人事業主は基本的に「何をしても自由」であるがゆえに、自分で自分のことをマネジメントしなくてはなりません。とくに、「時間をどのように使うか」は重要な問題です。

中でも独立当初から注意したいのが、他者と簡単に交流でき仕事にも利用できる「SNS」です。まずSNSへの投稿で、つい「仕事自慢」になってしまう人がいますが、SNSでフォロワーを集めるには、「役に立つ情報」をコツコツと発信していくのが王道です。

SNSはとても便利なツールですが、メリットばかりではありません。私たちの時間を奪う「泥棒」にもなるのです。SNSに気を奪われ「気がついたら数時間……」なんてことは極力なくしたいもの。私自身、SNSが普及しはじめたころから活用していますが、累計利

「SNS中毒」に陥らないルールをつくろう

ルール1	スマホアプリの利用時間を計測する
ルール2	1日の利用時間の上限を決める
ルール3	PCではなるべくアクセスしない
ルール4	プライベートと仕事利用を端末で分離させる
ルール5	スマホアプリの利用制限をかける
ルール6	日頃から「SNSはたまにしか見ない」と公言

用時間を計算したら恐ろしい結果になるでしょう。そこでおすすめしたいのが、「SNS中毒」に陥らないためのルールづくりです。

□投稿は仕事のPR中心にならないよう配慮

私のおすすめのルールを上の図にまとめました。まるで子どもにはじめてスマホをもたせる親がつくったようなルールですが、時間を有効に使うためにも、このようなルールは独立初期段階でつくっておくことが長い独立人生をより豊かにします。

おすすめは6でしょうか。日頃から「SNSはたまにしか見ない」と公言するのは、SNSを多用する顧客もいるため、対応に多少時間差があってもいいように予防線を張ることにもつながります。

Tips No.

Check

098

「季節の挨拶」は意外と有効

□お中元、お歳暮など、長く続くものには理由がある

1章では、独立したことを周囲に知らせることを推奨しましたが、「独立のお知らせ」のみにとどまらず、今後は季節の変わり目に挨拶状を出す習慣を取り入れてみませんか。

年賀状、寒中見舞い、暑中見舞い、お中元、お歳暮……。古くから日本人は四季折々に挨拶をする機会があります。こうした文化を「虚礼廃止」という観点から取りやめる企業や人が増加していることは事実です。しかし、やる人が少なくなっているからこそ「実践することに意味がある」と私は考えており、これまでその効果を何度も実感してきました。

私は独立して10年くらいは「年賀状」に力を注いできました。一時期は、1年間の出来事をランキング形式にして紹介することを定番にしたところ、「一番印象的な年賀状だった」

といった反響をいただくこともありました。こうして届いた「数々の声」をもとに1人ずつコミュニケーションを深めていくと、あるときそれが仕事につながって返ってくることを何度も経験しました。

□合言葉は「お変わりありませんか？」

季節の挨拶の大切さを実感したのは、私が6年ほど前にはじめた茶道も大きく影響しています。茶道は鎌倉時代から続く日本文化の象徴的存在です。茶道は礼にはじまり礼で終わるとともに、季節の挨拶を重視します。それらは心を込めて人と接する基本であると学びました。季節の挨拶は、必ずしも手紙やはがきである必要はありません。相手と最も連絡の取りやすい形態でOKです。合言葉は「お変わりありませんか？」。その気持ちが相手に伝わることにより、よりよい関係性が構築されていくのです。

季節の挨拶というと、かたちだけのものとして思われがちですが、私はむしろ相手を思いやる気持ちがあるからこそできることだと思っています。つまり、季節の挨拶（がきちんとできているか）は、自分の心に余裕があるかどうかのバロメーターでもあるのです。忙しくてそれどころでないときは挨拶もままなりません。それが長期間続くようでは、仕事のやり方を見直す時期だと戒めています。

Tips No.

Check

099

一生続けられる「趣味」を持つ

□顧客はあなたの「全体像（人間性）」を評価する

仕事ばかりしていても成長には限界があります。なぜなら、独立後は仕事のスキルだけでなく「人間的な魅力」も顧客から選ばれる要素になるからです。

日頃からどれだけ人生を楽しんでいるか。そうした仕事もプライベートも含めた「あなたの全体像（人間性）」を顧客は評価しているといっても過言ではありません。そのとき、人生に彩りを与えてくれるのが「趣味」です。

趣味を選ぶ1つの目安としてほしいのが、「一生続けられそうなこと」です。

私が40歳をすぎてはじめた趣味に「茶道」があります。総合芸術を極める「茶道」からは、礼儀作法が身につくだけでなく、日本文化の奥深さから相手を思いやる気持ちまで、毎回新た

一生継続できる「趣味」をもつメリット

1	オンとオフを切り替えるスイッチができる
2	仕事以外の人脈やコミュニティができる
3	仕事で行き詰まったときのヒントが得られる
4	人生の「メンター」のような存在に出会える
5	仕事と遊びのバランスを意識できるようになる
6	仕事以外で打ち込めるものができる
7	心が豊かになる

な発見があります。何よりオンとオフのスイッチが切り替わり、心の静寂をもたらしました。

□精通すると見える世界は、仕事にも活きる

茶道の師匠は「お稽古を続けているだけで素晴らしい」というのが口癖です。当初はその言葉の意図がよくわかりませんでしたが、あるとき、「道と名のつく稽古事には終わりがない。一度入門したからには本人の意思で止めない限り一生続く」と理解できたのです。これはきっと独立人生にも通じることです。

1つの趣味を長く続けることは、出会う人たちとの交流もより深く、豊かなものになります。そして、趣味によるコミュニティは仕事で行き詰まったときなど、突破するためのヒントが得られることもあります。

Tips No.

100

Check

「健康管理」は会社員時代の倍の意識で

□年齢とともに「大病」のリスクは上がる

健康は人生最大の財産です。しかし、とくに持病や気になる兆候がないと「健康は当然のこと」と見すごしてしまいやすいものです。独立後の健康管理は、「会社員時代の倍の意識でちょうどよい」と考えてください。毎年の健康診断も必ず受けるようにしてください。

健康管理が重要な理由はいくつかあります。まず考えられるのが、年齢が上がるほど「大病」と呼ばれる大きな病気のリスクが上がることです。実際、若い頃から健康だけは自信があった私は、40歳をすぎて受診した健康診断で不整脈が発覚。そこから1年に及ぶ投薬治療を経て、心臓カテーテルの手術を行いました。入院は5日程度で済みましたが、健康の重要性を深く実感した出来事でした。

□独立後は「働きすぎ」ても誰も止めてくれない

こうした大病はどんなに健康管理を徹底していても完全に防げるものではありません。しかし、**日々の心がけでコントロールできることがあります。それは「労働時間」です。**

独立以前の労働時間は会社が一定の管理をしていましたが、独立後はどんなに働いたところで誰も止めてくれません。意外に思われるかもしれませんが、この「働きすぎ」によって体調を崩したと思われる人を私はこれまで何人も目にしてきました。よくあるケースが、「長時間労働→昼夜逆転のような不規則な生活→運動不足→食生活の悪化→肥満→大病」です。

労働時間は健康のバロメーターの1つになりますので、きちんと休日を確保するなど自分で管理する習慣を持ちましょう。

また、「稼がなくては！」という強迫観念から、必要以上に仕事を受けすぎて結果的に体を壊したりしたら、あなた自身の価値を下げることにもつながりかねません。膨大な仕事の量を抱えそうな場合は、事前にスケジュールを調整したり、ときには値上げを検討したりするなどして、自分の時間を確保することを検討してみてください。**健康あっての仕事です。**このことだけは、くれぐれも忘れないでください。

中には、「きちんと医療保険に入っているから大丈夫」という笑えない話も耳にします。やるべきことは医療保険の「積み増し」ではなく、自分自身の管理です。

余分なものはいらない。
人生の冒険に乗り出すのだ。

ヘンリー・デイヴィッド・ソロー

おわりに

本書を書きはじめた頃に読み返した本があります。『森の生活』で知られる作家、ヘンリー・デイヴィッド・ソローの名言集『孤独の愉しみ方』です。

孤独を愛したソローは文字通りたった1人で湖畔に移り住み、自給自足の生活を送りながら生活コストを極限まで切り詰め、研究や執筆に没頭します。「1年に6週間ほど働けば、生活費はすべてまかなえる」という言葉に代表されるように、ソローの働き方は当時としてはとてもユニークで、現在でいうところの個人事業主に近い存在だったのかもしれません。

そんなソローの珠玉の名言の中からとっておきの言葉を、本書の最後に紹介しました。

今回、『個人事業主1年目の強化書』を書いている間、私も半ば必然的に「孤独」と向き合うことになりました。当初「すぐに書き上げられる」と見積もっていましたが、実際に取り組んでみると、それこそ自分が実践していることと、人に伝えることは別の難易度の高い作業で何度も頭を抱えました。こうして100項目を書き終えることができ、今は安堵に近いものを感じています。

執筆中の支えとなったのは、農家に生まれ育った私の祖父でした。周囲の人気者だった祖父は、持ち前のコミュニケーション力という圧倒的な「付加価値」を武器に、多くの人の相談に乗っていました。仕事も遊びも常に全力投球。「人生そのものを楽しむ達人」でした。

そんな祖父が、寿命が間もないことを察してか、ある日病院のベッドの上で「田んぼに戻りてぇ」と懇願したことがありました。結局、叶わぬまま他界したのですが、人生最期の願いが「仕事」に関連していることに驚くとともに、心を揺さぶられたことを思い出します。祖父は個人事業主にとって、「仕事は人生そのもの」だと身をもって教えてくれたのです。

本書の完成までには、多くの方のご支援、ご協力がありました。編集担当の川上聡さんには、前作『ドラッカー理論で成功する「ひとり起業」の強化書』に次いでご担当いただきました。途中、くじけそうになる私を粘り強く励ましてくださったことは絶対に忘れません。「藤屋式ニッチ戦略塾」主宰の藤屋伸二先生、そして塾生のみなさん、毎月一緒に勉強してくれる仲間として、誇りに思うとともに、感謝しています。妻の裕子さん、本書の原稿のデータが大量に消えてしまい自暴自棄になりそうな私をあえて放置してくれたこと、感謝しています。愛犬ランス、執筆中に10歳の誕生日を迎えることができて、私はとても幸せです。

これからも、私は個人事業主とひとり起業家の支援に全力で取り組みます。

天田幸宏

天田幸宏（あまだ　ゆきひろ）
一般社団法人ひとり起業ファーム協会 代表理事。コンセプトワークス株式会社代表取締役。1973年生まれ。リクルート（現アントレ）発行の起業支援情報誌『アントレ』の編集者として、18年間でのべ3000人以上の個人事業主や起業家およびその予備軍を見てきた体感値から成功パターンを法則化する。個人的にも起業支援に取り組むなかで、個人事業主や起業家の書籍出版をサポートし、これまで80人以上をプロデュースした実績を持つ。2012年より経営コンサルタント藤屋伸二氏に師事し、ドラッカー理論をベースとした「ニッチ戦略」を学ぶ。2017年「藤屋式ニッチ戦略塾」銀座塾を開塾。経営者や個人事業主、起業家予備軍を対象に強みの発掘からペルソナ設定、ニッチ市場の特定、継続的に儲かる仕組み化を推進。2020年には一般社団法人「ひとり起業ファーム協会」を設立。大企業早期退職者のセカンドキャリアサポートを中心に事業を推進。著書に『ドラッカー理論で成功する「ひとり起業」の強化書』（日本実業出版社）がある。

個人事業主《こじんじぎょうぬし》1年目《ねんめ》の強化書《きょうかしょ》

2021年10月1日　初版発行
2024年3月1日　第8刷発行

著　者　天田幸宏
発行者　杉本淳一

発行所　株式会社日本実業出版社　東京都新宿区市谷本村町3-29　〒162-0845
編集部　☎03-3268-5651
営業部　☎03-3268-5161　振　替　00170-1-25349
https://www.njg.co.jp/

印刷／壮光舎　　製本／若林製本

ISBN 978-4-534-05872-0　Printed in JAPAN